中等职业教育改革发展示范学校建设项目成果教材

应 用 语 文

主　编　张春雨　刘春玲

副主编　任　玲　于　阳　于卫平

参　编　周雪梅　王　妍　董　冰

高群松　潘竹馨　王　蓉

薛牧哲　马　楠　刘雪莲　吴　倩

主　审　陈桂芳

机 械 工 业 出 版 社

本书是依据教育部2009年颁布的《中等职业学校语文教学大纲》的要求，贯彻“以服务为宗旨、以就业为导向”的职业教育办学指导思想，以“提高素质，突出实用，强调能力，使之具备可持续学习和发展的潜力”为原则，以情境教学法为依托而编写的教材；其内容切合教学实际情况，贴近专业和岗位对学生语文水平的需求。

全书分为五篇，每篇为一个独立的单元，均由殷殷寄语、阅读与欣赏、拓展阅读、心动行动、口语交际、应用文写作和语文综合实践七个部分组成，分级编排，逐层递进，旨在引导学生重视语言的积累和感悟，接受优秀文化的熏陶，提高审美情趣，形成良好的个性、健全的人格，促进职业生涯的发展。

本书可供中等职业学校语文课程教学使用。

图书在版编目（CIP）数据

应用语文/张春雨，刘春玲主编．—北京：机械工业出版社，2013.11（2024.1重印）
中等职业教育改革发展示范学校建设项目成果教材
ISBN 978-7-111-45097-9

Ⅰ．①应…　Ⅱ．①张…　②刘…　Ⅲ．①语文课-中等专业学校-教材
Ⅳ．①G634.301

中国版本图书馆CIP数据核字（2013）第296868号

机械工业出版社（北京市百万庄大街22号　邮政编码100037）
策划编辑：宋　华　　责任编辑：李　兴
责任校对：路清双　　封面设计：路恩中
责任印制：李　昂

北京捷迅佳彩印刷有限公司印刷
2024年1月第1版第7次印刷
184mm×260mm・9.75印张・236千字
标准书号：ISBN 978-7-111-45097-9
定价：26.00元

凡购本书，如有缺页、倒页、脱页，由本社发行部调换
电话服务　　网络服务
社服务中心：（010）88361066　　教 材 网：http://www.cmpedu.com
销 售 一 部：（010）68326294　　机工官网：http://www.cmpbook.com
销 售 二 部：（010）88379649　　机工官博：http://weibo.com/cmp1952
读者购书热线：（010）88379203　　**封面无防伪标均为盗版**

前　言

随着职业教育的迅速发展，建设具有职业特色的教材正成为越来越迫切的任务。语文作为提高学生文化素质和获取专业知识与专业技能的基础课和工具课，是职业教育课程体系中不可或缺的一部分。

本编写组紧扣最新的语文教学大纲，贯彻“以服务为宗旨、以就业为导向”的职业教育办学指导思想，以“提高素质，突出实用，强调能力，使之具备可持续学习和发展的潜力”为原则，以情境教学法为依托，结合学生实际情况，贴近专业和岗位对学生语文水平的需求，依据中等职业学校语文学科教学要求编写了本教材，旨在引导学生重视语言的积累和感悟，接受优秀文化的熏陶，提高思想品德修养和审美情趣，形成良好的个性、健全的人格，促进职业生涯的发展。

全书共五篇，分别为：美德篇——温良恭让；理想篇——仰望星空；态度篇——脚踏实地；服务篇——勤恳乐业；行知篇——塑造自我。每篇均由殷殷寄语、阅读与欣赏、拓展阅读、心动行动、口语交际、应用文写作和语文综合实践七部分内容组成分级编排，逐层递进。

1. 殷殷寄语：着眼于激发学生阅读的兴趣，帮助学生领悟本篇蕴含的人文精神。

2. 阅读与欣赏：选取4篇文章，每篇文章由学习提示、原文品读、知识链接、字词过关、任务实施、哲思驿站六个部分组成。

3. 拓展阅读：选取2篇文章，作为学生的自读文章，每篇文章由学习提示、原文导读两个部分组成。

4. 心动行动：体会情感，练习演讲。

5. 口语交际：先提供范例借鉴，然后点评，再介绍相关知识，最后是任务实施。

6. 应用文写作：先提供写作导航，然后范例参考，进行温馨提示，布置动手写作。

7. 语文综合实践：由情景案例、知识链接、任务实施三部分组成。以活动形式整合知识与方法，提高学生语文综合应用能力。

本书选文注重时代性和职业性，呈现出“文质兼美”的特点，以培养学生必备的语文素养为核心，以提高学生语文应用能力为主旨，以培养学生阅读、写作和口语交际能力为目标，具有理念先进、内容丰富、结构紧凑、体例创新、面向职业、贴近社会的特点，适合中等职业学校教学改革的需要。

本书由沈阳市装备制造工程学校张春雨、刘春玲任主编，任玲、于阳、于卫平任副主编，陈桂芳任主审。参加编写的还有周雪梅、王妍、董冰、高群松、潘竹馨、王蓉、马楠、刘雪莲、薛牧哲和吴倩。具体编写分工如下：张春雨：美德篇、理想篇的殷殷寄语、任务一及拓展阅读、心动行动；刘春玲：理想篇的任务二、三、四；任玲：态度篇的任务二、三、四；于阳：态度篇的殷殷寄语及任务一的十三课、十四课；于卫平：服务篇的殷殷寄语和任务一的拓展阅读和心动行动；高群松：服务篇的任务一的二十一课、二十二课；潘竹馨：服务篇的殷殷寄语及任务一的拓展阅读和心动行动；王蓉：服务篇的任务二、三、四；刘雪莲：行知篇的殷殷寄语和任务一的二十五课、二十六课；马楠：行知篇的任务一的二十七课、二十八课；周雪梅：行知篇的任务一中拓展阅读和心动行动；薛牧哲和吴倩：行知篇的任务二、三、四。

在教材编写过程中，我们参考了许多相关教材和资料，谨此说明，并向各位专家、学者、作者表示衷心的谢意。

由于编者水平有限，疏漏和不尽如人意之处在所难免，敬请广大读者提出宝贵意见，以便今后进一步修订、完善。

编　者

目　　录

Ⅲ 态度篇 脚踏实地

Ⅳ 服务篇 勤恳乐业

V 行知篇　塑造自我

Ⅰ 美德篇

温良恭让

殷殷寄语

爱，是一次心灵之旅

有一位天使永居于我们灵魂的宫殿，她至真至纯至性，她就是爱。

人的一生，其实是一个寻找爱和学习爱的过程。一个拥有真爱心灵的人，他整个生命里程中的一切行为，都是对爱的诠释和表现。只有以一颗深情真挚的爱心对生活中的逆境和坎坷勇敢挑战，才能最大限度地弘扬生命的伟力。爱的奇妙，在于她是超意识、超自我、超物质的一种感觉，是心灵中一种美丽的牺牲，一种有距离的欣赏与理解。自私、占有、猎奇、炫耀、自孽、孽人、逃避等都是爱的杀手。情用出去了，就不要考虑收回，爱不是放高利贷，投了资就能收回利润。爱又是这样一张存折，只要你不挥霍，珍惜每一次支出，每支一分，就有十分存入，使你一天比一天富有。

爱，不是因被爱而爱。爱至情至性，应是为了爱而爱。当一个人真正懂得关爱别人，感激生命中遭遇的一切，时时处处在感动和祝福的心念之中的时候，我们说他已经领悟了爱的真谛。一句话，爱就是以他人的幸福为己之幸福。现代生活中，许许多多的爱情沦为欲望、权势、金钱的牺牲品，这之中有社会客观的因素，但更取决于当事人的用心和修身。因此说，一个人的品行如何，他的爱情就表现为如何。爱的终极，也是修身的问题。活着，我们就该相信，爱包容了世间的一切，拯救着世间的一切，也只有爱才能超越生命。

爱，是一次心灵之旅，在这漫漫无期的旅途中，没有轨标，没有灯塔，心灵便是我们唯一的导航。爱，是永恒的。

任务一　阅读与欣赏

一　父亲的手提箱（节选）

（土耳其）奥尔罕·帕慕克

学习提示

本文是作者于2006年12月7日在瑞典文学院诺贝尔奖颁奖典礼上的受奖演说的节选。

作者以父亲的手提箱为线索，讲述了父亲对自己走上文学创作道路的影响，表达了对父亲深深的怀念。学习本文时，可尝试先以“手提箱”为线索，梳理全文；再圈画出议论、抒情的语句，并联系全文，逐一品味；最后归纳本文的主旨。

原文品读

父亲在去世的两年前交给我一个小手提箱，里面装满了手稿和本子。他和平时一样一副大大咧咧的样子，告诉我在他过去以后，也就是去世以后，我可以看一看里面的东西。“回头翻翻，看看有没有什么有用的。”父亲话中带着几分腼腆，“我过去以后呢，你挑一挑，兴许有的能出版。”父亲仿佛是要摆脱一种特殊的、让他感到痛苦的拖累，在我的书房东找西找，不知哪里合适，最后轻轻地把手提箱放在一个不起眼的角落里。

记得父亲走后，我有好几天在箱子周围转来转去，却连一个指头也没有碰它。那是个黑色的小皮箱，一把小锁，柔滑的棱角，这些都是我儿时就已经非常熟悉的。父亲短期外出或是需要从家里往公司带东西时都会用到它。

我记得，父亲外出回来，我会打开这个小箱子，翻弄他的东西，而且非常喜欢里面古龙香水和国外那种特有的气味。对我来说，这个箱子是那么熟悉，充满诱惑，它承载着太多的历史和我童年的记忆。可是，我甚至不敢碰它一碰，为什么？当然是因为藏在箱子里面的东西有着一份神秘的重量。

这份重量代表什么？这份重量代表的，是一个人闭门伏案，远离尘世，以纸笔进行的倾诉——它代表的是文学。

我不敢碰父亲的手提箱，更没有勇气打开它，但里面有些本子我是知道的。我看到过父亲在那本子里写写画画。手提箱里的东西在我并非新闻。父亲有一个很大的书房，20世纪40年代末，这个伊斯坦布尔的年轻人曾经做过诗人梦，曾经把瓦雷里的诗歌译成土耳其文，可惜读者寥寥。一个贫穷的国家，写诗作文是难以谋生的。他放弃了。

对父亲的手提箱敬而远之，首要原因当然还是担心，担心我可能欣赏不了他的作品。我真正害怕的，我不想知道、更不想发现的是：我的父亲也许是一名出色的作家。这是我真正的担心，这种恐惧让我没有勇气打开父亲的手提箱。还有一个原因连我自己也说不清楚。如果父亲的手提箱里面竟有真正的、伟大的文学作品，那我就得承认，父亲的精神世界里还有一个完全不同的人。这是很可怕的。虽然人到中年，我还是希望父亲就是父亲，不要是什么作家。

带着这种想法我第一次打开了父亲的手提箱。父亲的生活中会不会有我所不知的苦恼，会不会有一个只能付诸文字的秘密？我记得，打开手提箱，一股旅途的气息扑面而来。我发现一些熟悉的本子，父亲多年前曾经随手指给我看。这些笔记大多是父亲年轻时离开家人只身前往巴黎时写下的文字。我一本一本拿在手里翻看，仿佛这笔记是出自一位我读过生平并且非常喜欢的作家笔下。我想知道，父亲在我这般年纪时写过什么、想过什么。很快我就发现，我大概看不到这样的东西。而且笔记中时时传出的作者的声音令我不安。我告诉自己，这不是父亲的声音，不是真实的声音，或者不是印象中真实的父亲的声音。父亲写作时代表的并不是我的父亲。比这种不安更严重的是我的心中生出一丝恐惧：父亲是不真实的。和这恐惧相比，对父亲作品可能并不出色或是受了其他作家太多影响的担心反而显得不那么重要了。我不禁要自问：我的存在、我的生活、我的写作梦、我的作品是真实的吗？在我涉足小说创作的头十年，我常常更为深切地产生这种恐惧，苦苦克服这种恐惧，有时甚至害怕有一天我会因为这种情绪而一事无成放弃小说创作，就像我曾经放弃绘画一样。

合上手提箱，一时间心里生出两种感触：荒蛮感和失真感。当然，我不是第一次有这种深切的感触。多年伏案阅读写作的过程中，我一直在探寻、发现、深化这种感触，这是一种无所不在、由此及彼、错综复杂、色调斑驳的情绪。有时，特别是在年轻时代，我也常常以另外的形式体验到这种情绪：或是莫名苦闷，或是索然无味，偶尔还会受了生活和书籍的感染变得思绪混乱。只是对这种荒蛮感和失真感的全面体验还是通过写作。比如《雪》、《伊斯坦布尔》体现了荒蛮感；《我的名字叫红》或者《黑书》反映的是对失真的忧虑。我认为一个作家要做的，就是发现我们心中最大的隐痛，耐心地认识它，充分地揭示它，自觉地使它成为我们文字、我们身心的一部分。

手提箱放在书房一个星期后，父亲又像往常一样拿着包巧克力来看我——他总是想不起来我已是四十八岁的人了。

我们还像往常一样谈笑风生，说生活、谈政治、拉家常。其间父亲盯着放着手提箱的角落，发现我已经把手提箱拿走了。我们四目相对，接着是一阵令人压抑、令人尴尬的沉默。我没有告诉他我已经打开手提箱，正在抽空看里面的东西，我把眼睛转到别处。不过他心里全明白了。我明白他明白了。他也明白我明白他明白了。我们就这样足足明白了几秒钟的时间。父亲是个自信、坦然而又快乐的人，他只是像平时一样淡淡一笑。出门时不免又说了一通慈父鼓励儿子的话。

父亲和平时一样一副快快乐乐、无忧无虑的样子。望着他的背影我心中生出几分嫉妒。不过我也记得那天我的心里也有几分难以启齿的得意。我对父亲产生这种感觉确实难以启齿。况且他还是一位从不以威严压抑儿子自由的父亲。这些都说明了一个问题，文学创作与生活中的缺憾感、幸福感、愧疚感有着很深层的关联。

我还想起了另一件事。那是在父亲送我手提箱的二十三年前，当时我二十二岁，抛开一切，决定专弄小说。闭门苦战，四年后完成了我的处女作《塞夫得特州长和他的儿子们》。书还没有出版，我双手颤抖地拿了一份打印稿交给父亲请他点评。得到父亲的肯定对我来说是非常重要的。那时父亲正在外地，有很远的路。我焦急地等着他回来。两周后父亲回来了，我跑过去开门。父亲什么话也没说，一下子把我紧紧抱住。我知道，他很欣赏我的稿子。因为太过激动，父子一度手足无措，无话可说。过了一会儿，心态平静下来，我们才开口。父亲用极其兴奋、极其夸张的语言表达了对我的信心。他告诉我，你等着拿“诺贝尔”吧。于是今天，我怀着万分喜悦的心情就拿了诺贝尔文学奖。

父亲的这句话，并非是对儿子如此充满信心，并非是要给儿子确定如此远大的目标，倒更像是一位土耳其父亲为了支持、鼓励儿子而对他说：“有一天你会成为大腕。”

父亲于2002年12月去世。

瑞典文学院给了我此份大奖，给了我如此殊荣。各位尊敬的院士，各位尊敬的来宾，我真的希望我的父亲今天也能坐在这里。

知识链接

奥尔罕·帕慕克（Orhan Pamuk）被认为是当代欧洲最核心的三位文学家之一，当代欧洲最杰出的小说家之一，是享誉国际的土耳其文坛巨擘。1952年6月7日，他出生于伊斯坦布尔，在伊斯坦布尔科技大学主修建筑。

1974年开始其写作生涯。1979年写成第一部作品《塞夫得特州长和他的儿子们》，并在1982年出版。1997年的《新人生》成为了土耳其历史上销售速度最快的书籍。2002年出版的《雪》以思想深度著称，是其本人最钟爱的作品。

2006年10月12日，奥尔罕·帕慕克获得诺贝尔文学奖。2007年1月7日，奥尔罕·帕慕克受邀主编伊斯坦布尔的自由派日报《Radikal》一天，化观点为文章，表达对本国知识分子命运的关切。同年5月16日，奥尔罕·帕慕克作为该届评委会成员出席戛纳电影节，并走上红毯。2008年5月21日，帕慕克开始了其在中国的十日行程。

文学评论家把帕慕克和普鲁斯特、托马斯·曼、卡尔维诺、博尔赫斯、安伯托·艾柯等大师相提并论，称他是“当代欧洲最核心的三位文学家之一”、享誉国际的土耳其文坛巨擘。其作品被译成40多种语言出版，在众多国家和地区广泛流传。

字词过关

1．给下列加点字注音

腼腆（　　）（　　）　　　　窸窣（　　）（　　）

斑驳（　　）（　　）　　　　荒蛮（　　）（　　）

2．解释下列词语

大大咧咧　　敬而远之　　谈笑风生　　索然无味　　手足无措

任务实施

听：1．父亲是什么时候给“我”手提箱的？手提箱放在哪里？

2．“我”为什么好几天不敢碰父亲的手提箱，更不敢打开它？

说：1. 是怎样的想法促使“我”打开了手提箱？
2. 打开手提箱后有什么发现？这些发现引出作者怎样的议论？
3. 父亲发现手提箱被“我”拿走后有什么表现？他“明白了”什么？
4. 作者为什么要在演讲接近尾声时提及“父亲送我手提箱的二十三年前”的一件事？

读：选择拓展阅读课文中的任一篇练习朗读，做到准确、流畅、清晰、感人。

写：本文是节选，原文长达一万字。请找到原文，读一读，并且写一篇读后感或评论，字数不限。

哲思驿站

1. 父爱如伞，为你遮风挡雨；父爱如雨，为你濯洗心灵；父爱如路，伴你走完人生。
2. 父爱是沉默的，如果你感觉到了那就不是父爱了！——冰心
3. 父亲的德行是儿子最好的遗产。——（西班牙）塞万提斯
4. 使你的父亲感到荣耀的莫过于你以最大的热诚继续你的学业，并努力奋发以期成为一个诚实而杰出的男子汉。——（德国）贝多芬
5. 父爱同母爱一样无私，他不求回报。父爱是默默无闻、寓于无形之中的一种感情，只有用心的人才能体会。拥有思想的瞬间，是幸福的；拥有感受的快意，是幸福的；拥有父爱，也是幸福的。——（前苏联）高尔基
6. 父亲，应该是一个气度宽大的朋友。——（英）狄更斯

二　风中的白玫瑰

（美）威廉姆斯·科贝尔

学习提示

文章以淡然的口吻、平实的笔触，将追索的镜头定格在了一个会被太多人略去的生活场景，而带给我们的则是只可意会、不可言传的一种酸楚和感动。

当我们在故事的字里行间思索人性的特质时，也请体会本文作者是如何运用对比和铺垫的写法，以小见大，以情动人的。

原文品读

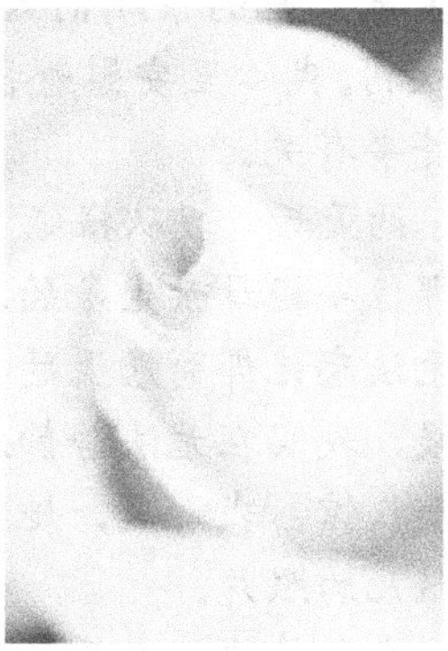

我急匆匆地赶往街角的那间百货商店，心中暗自祈祷商店里的人能少一点，好让我快点完成为孙儿们购买圣诞礼物的苦差事。天知道，我还有那么多事情要做，哪有时间站在一大堆礼物面前精挑细拣，像个女人一样。可当我终于到达商店一看，不禁暗暗叫起苦来，店里的人比货架上的东西还多，以致店内温度比外边高好几度，好像一口快要煮沸的锅。我硬着头皮往玩具部挤，抱怨着，这可恶的圣诞节对于我简直是一个累赘，还不如找张舒适的床，把整个节日睡过去。

好不容易挤到了玩具部的货架前。一看价钱，我有点失望，这些玩具太廉价了。俗话说，便宜没好货，我相信我的孙儿们肯定连看都不会看它们一眼。不知不觉中，我来到了洋娃娃通道，扫了一眼，我打算离开了。这时我看到了一个大约5岁的小男孩，正抱着一个可爱的洋娃娃，不住地抚摸它的头发。我看着他转向售货小姐，仰着小脑袋，问："你能肯定我的钱不够吗？"那小姐有些不耐烦："孩子，去找你妈妈吧。她知道你的钱不够。"说完她又忙着应酬别的顾客去了。那小可怜儿仍然站在那儿，抱着洋娃娃不放。我有点好奇，弯下腰，问他："亲爱的，你要把它送给谁呢？""给我妹妹，这洋娃娃是她一直特别想得到的圣诞礼物。"小男孩儿说。"噢，也许今晚圣诞老人就会带给她的。"小男孩儿把头埋在洋娃娃金黄蓬松的头发里，说："不可能了，圣诞老人不能去我妹妹待的地方……我只能让妈妈带给我妹妹了。"我问他妹妹在哪里，他的眼神更加悲伤了，"她已经跟上帝在一起了，我爸爸说妈妈也要去了。"

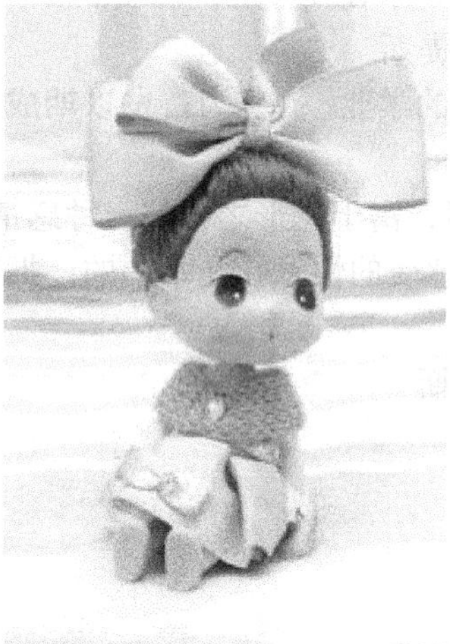

我的心几乎停止了跳动。那男孩接着说："我告诉爸爸跟妈妈说先别走，我告诉他跟妈妈说等我从商场回来再走。"他问我是否愿意看看他的照片，我告诉他我当然愿意。他掏出一张照片。"我想让妈妈带上我的照片，这样她就永远不会忘记我了。我非常爱我的妈妈，但愿她不要离开我。但爸爸说她可能真的要跟妹妹在一起了。"说完他低下了头，再不说话了。我悄悄从自己的钱包里拿出一些钱。我对小男孩说："你把钱拿出来再数数，也许你刚才没数对呢？"他兴奋起来，说道："对呀，我知道钱应该够的。"我把自己的钱悄悄混到他的钱里，然后我们一起数起来。当然现在的钱足够买那个洋娃娃了。"谢谢上帝，给了我足够的钱。"他轻声说，"我刚刚在祈求上帝，给我足够的钱买这娃娃，好让妈妈带给我妹妹。他真的听到了。"然后他又说，"其实我还想请上帝再给我买一枝白玫瑰的钱，但我没说出口，可他知道了，我妈妈非常喜欢白玫瑰。"

几分钟后，我推着购物车走了。可我再也忘不掉那男孩儿。我想起几天前在报纸上看到的一条消息：一个喝醉的司机开车撞了一对母女，小女孩死了，而那母亲情况危急，已宣布无法挽救那位母亲的生命。她的亲属们只剩下了决定是否维持她生命的权利。我心里安慰着自己——那小男孩当然不会与这件事有关。

两天后，我从报纸上看到，那家人同意了拿掉维持那位年轻母亲生命的医疗器械，她已经死了。我始终无法忘记那商店里的小男孩儿，有一种预感告诉我，那男孩儿跟这件事有关。那天晚些时候，我实在无法静静地坐下去了。我买了一捧白玫瑰，来到给那位母亲做遗体告别仪式的殡仪馆。我看见，她躺在那儿，手拿一枝美丽的白玫瑰，怀抱着一个漂亮的洋娃娃和那男孩儿的照片。

我含着热泪离开了，我知道从此我的生活将会改变。

知识链接

这是一个催人泪下的感人故事。故事所讲述的内容对于生活在新社会里的少年儿童是无法体验的。课堂上可以先通过教师示范朗读或播放录音，让学生产生情感上的共鸣，继而理解课文内容。文中天真的小男孩的语言让人心酸，使人同情。文章的后一部分体现了“我”对小男孩及其家人的关切。通过引导学生抓住文中看似矛盾之处提出问题，在解决疑问的同时，进一步体会人物的内心世界。

朗读可作为本课自始至终的一根主线贯穿始终，从最初的全文导入、以情感人，到学文时的指导朗读、激发感情，乃至最后的找感人之处大声诵读、体味感悟，整堂课应书声琅琅，充满激情。

字词过关

1．给下列加点字注音

累赘（　　）　　　　应酬（　　）

玫瑰（　　）　　　　器械（　　）

祈求（　　）　　　　殡仪馆（　　）

2．给下列多音字注音并组词

混　　　恶　　　应

任务实施

听：“我”最令你感动的地方是什么？文章结尾说“从此我的生活将会改变”，你认为会有怎样的改变？

说：谈谈自己是如何对待他人，尤其是对陌生人献出关爱的。

读：选阅读与欣赏课文中的任一篇练习朗读，做到准确、流畅、清晰、感人。

写：本文使我们感到：爱不是动人的文字、深刻的说辞，而是一种关爱他人的心灵自觉和行为习惯。结合课文和实际谈谈你的感受。

哲思驿站

1．学会感动，学会爱。

因感动而爱，因为爱而善感。

只写感动我的事，以及我爱的人。——方冠晴

2．家庭应该是爱、欢乐和笑的殿堂。——（日）木村久一

3．温和的语言，是善良人家庭中绝不可缺少的。——（印度）《摩奴法典》

4．春望（杜甫）

国破山河在，城春草木深。

感时花溅泪，恨别鸟惊心。

烽火连三月，家书抵万金。

白头搔更短，浑欲不胜簪。

5. 七步诗（曹植）
   煮豆燃豆萁，豆在釜中泣。
   本是同根生，相煎何太急！
6. 兄弟敦和睦，朋友笃诚信。——陈子昂

三 最后的常春藤叶

（美）欧·亨利

学习提示

“总有一天我要画一幅杰作”，有着四十年画龄的老贝尔曼先生用生命绘制的常春藤叶点燃了琼珊即将熄灭的生命火花，也实现了自己的人生价值。

一片叶子，维系着生与死；一片叶子，托举起求生的希望。一片“永不凋落”的常春藤叶，承载着一个善良的谎言，闪烁着人间真情，充盈着人性的光辉。作者满怀深情地描写了几位穷困潦倒的艺术家真诚的友谊和高尚的责任感。

小说结构精巧。作者赞美的主要对象是贝尔曼，但在他身上着墨不多，直到最后才交代，挽救琼珊的“最后一片叶子”是贝尔曼以生命为代价创造的杰作。阅读时要发挥想象，和作者一起完成这个人物形象的塑造，并能阐释文章的结构特色。

欧·亨利运用白描手法，通过简洁幽默的语言描述了贝尔曼的失意潦倒，同时通过人物的语言、行动、心理描写细腻地展现了琼珊的心理变化，简笔与繁笔各尽其妙，阅读时要注意品味。

原文品读

华盛顿广场西面的一个小区，街道仿佛发了狂似的，分成了许多叫做“巷子”的小胡同。这些“巷子”形成许多奇特的角度和曲线。一条街本身往往交叉一两回。有一次，一个画家发现这条街有它可贵之处：如果商人去收颜料、纸张和画布的账款，在这条街上转弯抹角、大兜圈子的时候，突然碰上一文钱也没收到、空手而回的他自己，那才有意思呢！

因此，搞艺术的人不久都到这个古色古香的格林尼治村来了。他们逛来逛去，寻找朝北的窗户、十八世纪的三角墙、荷兰式的阁楼以及租金低廉的房子。接着，他们又从六马路买来一些锡镴杯子和一两只烘锅，组成了一个“艺术区”。

苏艾和琼珊在一座矮墩墩的三层砖砌房屋的顶楼设立了她们的画室。“琼珊”是琼娜的昵称。两人一个是从缅因州来的，另一个的家乡是加利福尼亚州。她们是在八马路上一家名叫德尔蒙尼戈的饭馆里吃饭时碰到的，彼此一谈，发现她们对于艺术、饮食、衣着的口味十分相投，结果便联合租下了那个画室。

那是五月间的事。到了十一月，一个冷酷无情、肉眼看不见、医生管他叫做“肺炎”的不速之客，在艺术区里蹑手蹑脚，用他的冰冷的手指这儿碰碰那儿摸摸。

在广场的东面，这个坏家伙明目张胆地走动，每闯一次祸，受害的人总有几十个。

但是，在这些错综复杂、苔藓遍地、狭窄的“巷子”里，他的脚步却放慢了。

“肺炎先生”并不是你们所谓的扶弱济困的老绅士。一个弱小的女人，已经被加利福尼亚的西风吹得没有什么血色了，当然经不起那个有着红拳头，气吁吁的老家伙的赏识。但他竟然打击了琼珊；她躺在一张油漆过的旧铁床上，一动不动，望着荷兰式小窗外对面砖屋的墙壁。

一天早晨，那位忙忙碌碌的医生扬扬他蓬松的灰色眉毛，招呼苏艾到过道上去。

“依我看，她的病只有一成希望，”他说，一面把体温表里的水银柱甩下去，“那一成希望在于她自己要不要活下去。人们不想活，情愿照顾殡仪馆的买卖，这种精神状态使医药一筹莫展。你的这位小姐满肚子以为自己不会好了。她有什么心事吗？”

“她——她希望有一天能去画那不勒斯海湾。”苏艾说。

“画画？——别扯淡了！她心里有没有值得想两次的事情——比如说，男人？”

“男人？”苏艾像吹小口琴似地哼了一声说，“难道男人值得——别说啦，不，大夫，根本没有那种事。”

“那么，一定是身体虚弱的关系。”医生说，“我一定尽我所知，用科学所能达到的一切方法来治疗她。可是每逢我的病人开始盘算有多少辆马车送他出殡的时候，我就得把医药的治疗力量减去百分之五十。要是你能使她对冬季大衣的袖子式样发生兴趣，提出一个问题，我就可以保证，她恢复的机会准能从十分之一提高到五分之一。”

医生走后，苏艾到工作室里哭了一场，把一张日本纸餐巾擦得一团糟。然后，她拿起画板，吹着拉格泰姆曲调，昂首阔步走进琼珊的房间。

琼珊躺在被窝里，脸朝窗口，一点动静都没有。苏艾以为她睡着了，赶紧不吹口哨。

她架好画板，开始替杂志社画一幅短篇小说的钢笔画插图。青年画家不得不以杂志小说的插图来铺平通向艺术的道路，而这些小说则是青年作家为了铺平文学道路而创作的。

苏艾正为小说里的主人公，一个爱达荷州的牛仔，画上一条在马匹展览会上穿的漂亮的马裤和一片单眼镜，忽然听到一个微弱的声音重复了好几遍。她赶快走到床前。

琼珊的眼睛睁得大大的。她望着窗外，在计数——倒数起来。

“十二，”她说，过了一会儿又说“十一”，接着是“十”、“九”，再接着是几乎连在一起的“八”和“七”。

苏艾关切地向窗外望去。有什么可数的呢？外面可以看到的只是一个窄荡荡、阴沉沉的院子，和二十英尺外的一幢砖砌房屋的墙壁。一株极老极老的常春藤上的叶子差不多全吹落了，只剩下几根几乎是光秃秃的藤枝，依附在那堵松动残缺的砖墙上。

“怎么回事，亲爱的？”苏艾问道。

“六，”琼珊说，声音低得像是耳语，“它们现在掉得快些了。三天前差不多有一百片。数得我头昏眼花。现在可容易了。喏，又掉了一片。只剩下五片了。”

“五片什么，亲爱的？告诉你的苏艾。”

“叶子。常春藤上的叶子。等最后一片掉落下来，我也得去了。三天前我就知道了。难道大夫没有告诉你吗？”

“哟，我从没听到过这么荒唐的话。”苏艾装出满不在乎的样子数落她说，“老藤叶同你的病有什么相干？你一向很喜欢那株常春藤，得啦，你这淘气的姑娘。别发傻啦。我倒忘了，大夫今天早晨告诉我，你很快康复的机会是——让我想想，他是怎么说的——他说你好的希望是十比一！哟，那几乎同我们在纽约搭电车或者走过一幢新房子的工地一样，遇到意外的时候很少。现在喝一点汤吧。让苏艾继续画画，她卖给编辑先生，换了钱给她的病孩子买点红葡萄酒，也买些猪排填填她自己的馋嘴。”

“你用不着买什么酒啦。”琼珊说，仍然凝视着窗外，“又掉了一片。不，我不要喝汤。只剩四片了。我希望在天黑之前看到最后的藤叶飘落下来。那时候我也该走了。”

“琼珊，亲爱的，”苏艾弯下腰对她说，“你能不能答应我，在我画完之前别睁开眼睛，别瞧窗外？我明天要交那些图画。我需要光线，不然我早就把窗帘拉下来了。”

“你不能到另一间屋子里去画吗？”琼珊冷冷地问道。

“我要待在这儿，和你在一起。”苏艾说，“而且我不喜欢你老盯着那些莫名其妙的藤叶。”

“你一画完就告诉我，”琼珊闭上眼睛说，她面色惨白，静静地躺着，活像一尊倒下来的塑像，“因为我要看那最后的藤叶掉下来。我等得不耐烦了，也想得不耐烦了。我想摆脱一切，像一片可怜的、厌倦的藤叶，悠悠地往下飘，往下飘。”

“你争取睡一会儿，”苏艾说，“我要去叫贝尔曼上来，替我做那个隐居的老矿工的模特儿。我去不了一分钟。在我回来之前，千万别动。”

老贝尔曼是住在楼下底层的一个画家，年纪六十开外，有一把像是米开朗基罗的摩西雕像的胡子，从萨蒂尔似的脑袋上顺着小鬼般的身体蜷垂下来。贝尔曼在艺术界是个失意的人。他耍了四十年画笔，仍同艺术女神隔有相当距离，连她的长袍的边缘都没有摸到。他老是说要画一幅杰作，可是始终没有动手。除了偶尔涂抹一些商业画或广告画以外，几年来没有什么创作。他替“艺术区”一些雇不起职业模特儿的青年艺术家充当模特儿，挣几个小钱。他喝杜松子酒总是过量，老是唠唠叨叨地谈着他未来的杰作。此外，他还是个暴躁的小老头儿，极端瞧不起别人的温情，却认为自己是保护楼上两个青年艺术家的看家恶狗。

苏艾在楼下那间灯光暗淡的小屋子里找到了酒气扑人的贝尔曼。角落里的画架上绷着一幅空白的画布，它在那儿静候杰作的落笔，已经有二十五年了。她把琼珊的想法告诉了他，又说她多么担心，唯恐那个虚弱的像是枯叶一般的琼珊抓不住她同世界的微弱联系，真会撒手而去。

老贝尔曼的充血的眼睛老是迎风流泪。他对这种白痴般的想法大不以为然，讽刺地咆哮了一阵子。

“什么话！”他嚷道，“难道世界上竟有这种傻子，因为可恶的藤叶落掉而想死？我活了一辈子也没有听到过这种怪事。不，我没有心思替你当那无聊的隐士模特儿。你怎么能让她脑袋里有这种傻念头呢？唉，可怜的琼珊小姐。”

“她病得很重，很虚弱，”苏艾说，“高烧烧得她疑神疑鬼，满脑袋都是稀奇古怪的念头。好吧，贝尔曼先生，既然你不愿意替我当模特儿，我也不勉强了。我认得你这个可恶的老——老贫嘴。”

“你真女人气！”贝尔曼嚷道，“谁说我不愿意来着？走吧。我跟你一起去。我已经说了半天，愿意为你效劳。天哪！像琼珊小姐那样的好人实在不应该在这种地方害病。总有一天，我要画一幅杰作，那么我们都可以离开这里啦。天哪！是啊。”

他们上楼时，琼珊已经睡着了。苏艾把窗帘拉到窗槛上，打手势让贝尔曼到另一间屋子里去。他们在那儿担心地瞥着窗外的常春藤。接着，他们默默无言地对瞅了一会儿。寒雨夹着雪花下个不停，贝尔曼穿着一件蓝色的旧衬衫，坐在一口翻转过来权充岩石的铁锅上，扮作隐居的矿工。

第二天早晨，苏艾睡了一个小时醒来的时候，看见琼珊睁着无神的眼睛，凝视着放下来的绿窗帘。

“把窗帘拉上去，我要看。”她用微弱的声音命令说。

苏艾困倦地照办了。

可是，看哪！经过了漫漫长夜的风吹雨打，仍旧有一片常春藤的叶子贴在墙上。它是藤上最后的一片叶子。靠近叶柄的颜色还是深绿的，但是锯齿形的边缘已染上了枯败的黄色，它傲然挂在离地面二十来英尺的一根藤枝上面。

“那是最后的一片叶子，”琼珊说，“我以为昨夜它一定会掉落的。我听到刮风的声音。它今天会脱落的，同时我也要死了。”

“哎呀，哎呀！”苏艾把她困倦的脸凑到枕边说，“即使你不为自己着想，也得替我想想呀。我可怎么办呢？”

但是琼珊没有回答。一个准备走上神秘遥远的死亡道路的心灵，是全世界最寂寞、最悲凉的了。当她与尘世和友情之间的联系一片片地脱落时，那个玄想似乎更有力地掌握了她。

那一天总算熬了过去。黄昏时，她们看到墙上那片孤零零的藤叶依旧依附在茎上。随着夜晚同来的是北风的怒号，雨点不住地打在窗上，从荷兰式的屋檐上倾泻下来。

天色刚明的时候，狠心的琼珊又吩咐把窗帘拉上去。

那片常春藤叶仍在墙上。

琼珊躺着对它看了很久。然后她喊苏艾，苏艾正在煤气炉上搅动给琼珊喝的鸡汤。

“我真是个坏姑娘，苏艾，”琼珊说，“冥冥中似乎有什么使那片叶子不掉下来，启示了我过去是多么邪恶。不想活下去是个罪恶。现在请你拿些汤来，再弄一点掺葡萄酒的牛奶，再——等一下，先拿一面小镜子给我，用枕头替我垫垫高，我要坐起来看你煮东西。”

一小时后，她说：“苏艾，我希望有朝一日能去那不勒斯海湾写生。”

下午，医生来了，他离去时，苏艾找了一个借口，跑到过道上。

“好的希望有了五成，”医生抓住苏艾瘦小的颤抖的手说，“只要好好护理，你会胜利的。现在我得去楼下看看另一个病人。他姓贝尔曼——据我所知，也是搞艺术的，也是肺炎。他上了年纪，身体虚弱，病势来得凶猛。他可没有希望了，不过今天还是要把他送到医院，好让他舒服一些。”

第二天，医生对苏艾说：“她现在脱离危险了。你赢了。现在只要营养和调理就行啦。”

那天下午，苏艾跑到床边，琼珊靠在那儿，心满意足地在织一条毫无用处的深蓝色披肩，苏艾把她连枕头一把抱住。

“我有些话要告诉你，小东西。”她说，“贝尔曼先生今天在医院去世了。他害了肺炎，只病了两天。头天早上，看门人在楼下的房间里发现他痛苦得要命。他的鞋子和衣服都湿透了，冰凉冰凉的。他们想不出，在那种凄风苦雨的夜里，他究竟是到什么地方去的。后来他们找到了一个还燃着的灯笼，一把从原来的地方挪动过的梯子，还有几支散落的画笔，一块调色板，上面剩有绿色和黄色的颜料，末了——看看窗外，亲爱的，看看墙上最后的一片叶子。你不是觉得纳闷，它为什么在风中不飘不动吗？啊，亲爱的，那是贝尔曼的杰作——那晚最后的一片叶子掉落时，他画在墙上的。”

知识链接

欧·亨利（1862—1910），有时又译奥·亨利，原名威廉·西德尼·波特，美国著名小说家。他少年时曾一心想当画家，婚后在妻子的鼓励下开始写作，后因在银行供职时的账目问题而入狱，服刑期间认真写作，并以“欧·亨利”为笔名发表了大量的短篇小说，引起读者广泛关注。他是一位高产的作家，一生中留下了一部长篇小说《白菜与国王》和近三百篇的短篇小说。他的短篇小说构思精巧，风格独特，以表现美国中下层人民的生活、语言幽默、结局出人意料（即“欧·亨利式结尾”）而闻名于世。他是世界三大短篇小说巨匠（还有法国莫泊桑、俄国契诃夫）之一，有“美国的契诃夫”这一称号，代表作有《麦琪的礼物》（又叫《贤人的礼物》）、《最后的常春藤叶》、《二十年后》等。

字词过关

给下列加点的字注音

镴（　　）　　　　蹑手蹑脚（　　）

一筹莫展（　　）　　　　编辑（　　）

暴躁（　　）

任务实施

听：理解下面句子的含义。

（1）医生走后，苏艾到工作室里哭了一场，把一张日本纸餐巾擦得一团糟。然后，她拿起画板，吹着拉格泰姆曲调，昂首阔步走进琼珊的房间。

（2）“叶子。常春藤上的叶子。等最后一片掉落下来，我也得去了。三天前我就知道了。难道大夫没有告诉你吗？”

说：请说说老画家贝尔曼是个失意的人，作画四十年也没有什么成就，但他坚持说“要画一幅杰作”，他画的最后一片叶子是不是“杰作”？为什么？

读：分段朗读课文，理解课文含义。

写：以“我的好友×××”为题，写一写你们之间的友谊以及好友对你的影响。

哲思驿站

1. 土扶可城墙，积德为厚地。——李白
2. 行一件好事，心中泰然；行一件歹事，衾影抱愧。——神涵光

3．人人为我，我为人人——（法）大仲马
4．人不能像走兽那样活着，应该追求知识和美德。——（意大利）但丁
5．勿以恶小而为之，勿以善小而不为。惟贤惟德，能服于人。——刘备
6．不患位之不尊，而患德之不崇；不耻禄之不伙，而耻智之不博。——张衡

四　再塑生命的人

（美）海伦·凯勒

学习提示

一位盲、聋、哑人，却能够掌握五国语言，考取了著名的哈佛大学，成为闻名遐迩的作家，这是生命的奇迹。而引领海伦·凯勒创造奇迹，在黑暗中点燃她的希望之光的人，就是安妮·莎莉文小姐。

阅读时要仔细体会“我”在莎莉文小姐的引领下，心灵由黑暗走向光明的过程，要重点体会莎莉文小姐对“我”无私的爱，进而理解“再塑生命”的真正含义，感悟作者对老师的关爱和帮助充满感激的情意。

原文品读

安妮·莎莉文来到我家的这一天，是我一生中最重要的一天。这是1887年3月3日，当时我才6岁零9个月。回想此前和此后截然不同的生活，我不能不感叹万分。那天下午，我默默地站在走廊上。从母亲的手势以及家人匆忙的样子，猜想一定有什么不寻常的事要发生。因此，我安静地走到门口，站在台阶上等待着。下午的阳光穿透遮满阳台的金银花叶子，照射到我仰着的脸上。我的手指搓捻着花叶，抚弄着那些为迎接南方春天而绽开的花朵。我不知道未来将有什么奇迹会发生，当时的我，经过数个星期的愤怒、苦恼，已经疲倦不堪了。

朋友，你可曾在茫茫大雾中航行过，在雾中神情紧张地驾驶着一条大船，小心翼翼地缓慢地向对岸驶去？你的心怦怦直跳，唯恐意外发生。在未受教育之前，我正像大雾中的航船，既没有指南针也没有探测仪，无从知道海港已经非常临近。我心里无声地呼喊着：“光明！光明！快给我光明！”恰恰正在此时，爱的光明照在了我的身上。

我觉得有脚步向我走来，以为是母亲，我立刻伸出双手。一个人握住了我的手，把我紧紧地抱在怀中。我似乎能感觉得到，她就是那个来对我启示世间的真理、给我深切的爱的人——安妮·莎莉文小姐。

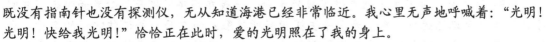

第二天早晨，莎莉文小姐带我到她的房间，给了我一个洋娃娃。后来我才知道，那是伯金斯盲人学校的学生赠送的。衣服是由年老的萝拉亲手缝制的。我玩了一会儿洋娃娃，莎莉文小姐拉起我的手，在手掌上慢慢地拼写“DOLL”这个词。这个举动让我对手指游

戏产生了兴趣，并且模仿在她手上画。当我最后能正确地拼写这个词时，我自豪极了，高兴得脸都涨红了，立即跑下楼去，找到母亲，拼写给她看。

我并不知道这就是在写字，甚至也不知道世界上有文字这种东西。我不过是依样画葫芦模仿莎莉文小姐的动作而已。从此以后，以这种不求甚解的方式，我学会了拼写“针”（PIN）、“杯子”（CUP），以及“坐”（SIT）、“站”（STAND）、“行”（WALK）这些词。世间万物都有自己的名字，是在老师教了我几个星期以后，我才领悟到的。

有一天，莎莉文小姐给我一个更大的新洋娃娃，同时也把原来那个布娃娃拿来放在我的膝上，然后在我手上拼写“DOLL”这个词，用意在于告诉我这个大的布娃娃和小布娃娃一样都叫做“DOLL”。

这天上午，我和莎莉文小姐为“杯”和“水”这两个字发生了争执。她想让我懂得“杯”是“杯”，“水”是“水”，而我却把两者混为一谈，“杯”也是“水”，“水”也是“杯”。她没有办法，只好暂时丢开这个问题，重新练习布娃娃“DOLL”这个词。我实在有些不耐烦了，抓起新洋娃娃就往地上摔，把它摔坏了，心中觉得特别痛快。发这种脾气，我既不惭愧，也不悔恨，我对洋娃娃并没有爱。在我的那个寂静而又黑暗的世界里，根本就不会有温柔和同情。莎莉文小姐把可怜的洋娃娃的碎布扫到炉子边，然后把我的帽子递给我，我知道又可以到外面暖和的阳光里去了。

我们沿着小路散步到井房，房顶上盛开的金银花芬芳扑鼻。莎莉文小姐把我的一只手放在喷水口下，一股清凉的水在我手上流过。她在我的另一只手上拼写“WATER”——“水”字，起先写得很慢，第二遍就写得快一些。我静静地站着，注意她手指的动作。突然间，我恍然大悟，有股神奇的感觉在我脑中激荡，我一下子理解了语言文字的奥秘了，知道了“水”这个字就是正在我手上流过的这种清凉而奇妙的东西。

水唤醒了我的灵魂，并给予我光明、希望、快乐和自由。

井房的经历使我求知的欲望油然而生。啊！原来宇宙万物都各有名称，每个名称都能启发我新的思想。我开始以充满新奇的眼光看待每一样东西。回到屋里，碰到的东西似乎都有了生命。我想起了那个被我摔碎的洋娃娃，摸索着来到炉子跟前，捡起碎片，想把它们拼凑起来，但怎么也拼不好。想起刚才的所作所为，我悔恨莫及，两眼浸满了泪水，这是生平第一次。

那一天，我学会了不少字，譬如“父亲”（FATHER）、“母亲”（MOTHER）、“妹妹”（SISTER）、“老师”（TEACHER）等。这些字使整个世界在我面前变得花团锦簇[①]，美不胜收。记得那个美好的夜晚，我独自躺在床上，心中充满了喜悦，企盼着新的一天快些来到。啊！世界上还有比我更幸福的孩子吗？

1887 年 3 月，莎莉文小姐走进了我的生命，让我在井房里张开了心灵的眼睛。其间各种往事至今记忆犹新。我整天用手去探摸我所接触到的东西，并记住它们的名称。我探摸的东西越多，对其名字和用途了解得越细，就越发高兴和充满信心，越发能感到同外界的联系。

繁花似锦的夏季来临，莎莉文小姐牵着我的手漫步在田纳西河的岸边，望着田野、山坡，人们正在田间地头翻土播种。我们在河边温软的草地上坐下，开始了人生新的课程。在这里，我明白了大自然施与人类的恩惠；我懂得了阳光雨露如何使树木在大地上茁壮成长起来；我懂得了鸟儿如何筑巢，如何繁衍，如何随着季节的变化而迁徙；也懂得了松鼠、鹿和狮子等各种各样的动物如何觅食，如何栖息。我了解的事情越多，就越感到自然的伟大和世界的美好。

莎莉文小姐先教会我从那粗壮的树木，那细嫩的草叶，还有我妹妹的那双小手领略美的享受，然后才教我画地球的形状。她把对我的启蒙同大自然联系起来，使我同花同鸟结成愉快的伙伴。但是这期间却发生了一件事，让我发现大自然并不总是那么慈爱可亲。

那是一个明朗的清晨，我和莎莉文小姐散步到一个较远的地方。但在我们回家的路上，天气变得闷热起来，好几次我们不得不在路旁的树下小憩。最后一次歇息在离家不远的一棵野樱桃树下。树枝茂盛又好攀登，莎莉文小姐用手一托，我就上了树，找个枝杈坐了下来。树上真是凉快舒畅，于是莎莉文小姐提议就在这儿吃午餐。我乐坏了，答应她一定安静地坐在那里，等她回去把饭拿来。

忽然间风云突变，太阳的温暖完全消失了，天空乌云密布，泥土里散发出一股怪味。我知道这是暴风雨来临之前常有的预兆。我感到一种不可名状的恐惧，一种同亲人隔绝、同大地分离的孤独感油然而生。我一动不动地坐着，紧紧地抱着树干，一阵阵发抖，心中祈盼着莎莉文小姐快快回来。

一阵沉寂之后，树叶哗啦啦齐声作响，强风似乎要将大树连根拔起。我吓得抱住树枝，唯恐被风吹走。树摇动得越来越厉害，落叶和折断的小树枝雨点般向我打来。虽然我急得想从树上跳下来，却又不敢动弹。我觉得大地在一阵一阵地震动，像有什么沉重的东西掉到了地上，这震动由下而上地传到了我坐着的枝干上。我惊恐到了极点，正要放声大叫时，莎莉文小姐赶到了，她抓着我的手，扶我下来。我紧紧抱着她，为又一次接触到坚实的大地而高兴得发狂。我又获得了一种新的知识——大自然有时也会向她的儿女开战，在她那温柔美丽的外表下面还隐藏着利爪哩！

经过这次惊险后，我有很长一段时间不敢爬树，甚至一想到爬树就浑身发抖。直到有一天，抵挡不住那繁花满枝、香味扑鼻的含羞树的诱惑后，才克服了这种恐惧心理。

那是一个美丽的春天的早晨，我独自坐在凉亭里看书，一股淡淡的香气迎面扑来，仿佛“春之神”穿亭而过。我分得出来那是含羞树的花香。我决定去看看，于是摸索到花园的尽头，含羞树就长在篱边小路的拐弯处。

在温暖的阳光照耀下，含羞树的花朵在阳光下飞舞，开满花朵的树枝几乎垂到青草上。那些美丽的花儿，只要轻轻一碰就会纷纷掉落。我穿过落英纷飞的花瓣，走近大树，站在那里愣了片刻，然后，我把脚伸到枝丫的空处，两手抓住枝干往上爬。树干很粗，抓不牢，我的手又被树皮擦破了，但我有一种美妙的感觉：我正在做一件奇妙的事。因此我不断往上爬，直到爬上一个舒适的座位。这个座位是很早以前别人造的小椅子，日久天长，已成了树的一部分。我在上面待了很长的时间，好像在天空中凌云的仙女一样。从那以后，我常在这棵月宫仙桂上尽兴玩耍，冥思遐想，遨游在美妙的梦境中。

现在，我已经掌握了语言的钥匙，急于想加以运用。

通常，有听力的孩子可以轻而易举地学习语言。别人嘴里说出来的话，他们可以轻松愉快地了解与学习，并且模仿着说出口。但是，耳聋的孩子却必须经历无数的痛苦煎熬，慢慢才能学会。但无论如何艰辛，结果总是无比美妙。我从每一件东西的名称慢慢学起，由期期艾艾[2]地发音，进展到可以在莎士比亚[3]的十四行诗[4]中进行无限美妙的想象。

起初，老师告诉我许多新鲜事，我很少发问，因为我知识有限，概念模糊，字词掌握得很少。随着我对外界的了解逐渐增加，词汇也多了，问题也就多了起来。我常常对一件事物一而再、再而三地探个究竟，想了解得更多些。有时从一个学习的新词，常常联想起以前发生的种种经历。

记得有一天早晨，我第一次问起“爱”这个字的意思。当时认识的字还不很多，我在花园里摘了几朵早开的紫罗兰送给莎莉文小姐。她很高兴地想吻我，可我那时除了母亲外，不愿意让别人吻我。那时候，莎莉文小姐用一只胳膊轻轻地搂着我，在我手上拼写出了“我爱海伦”几个字。

“爱是什么？”我问。

莎莉文老师把我搂得更紧了，用手指着我的心说：“爱在这里。”

我第一次感到了心脏的跳动，但对老师的话和动作依然迷惑不解，因为当时除了能触摸到的东西外，我几乎什么都不懂。

我闻了闻她手里的紫罗兰，一半儿用文字，一半儿用手势问道：“爱就是花的香味吗？”

“不是。”莎莉文老师说。

我又想了想。太阳正温暖地照耀着我们。

“爱是不是太阳？”我指着阳光射来的方向问，“是太阳吗？”

当时在我看来，世界上没有比太阳更好的东西了，它的热力使万物茁壮生长。但莎莉文小姐却连连摇头，我真是又困惑又失望，觉得很奇怪，为什么老师不能告诉我，什么是爱呢？

一两天过后，我正用线把大小不同的珠子串起来，按两个大的、三个小的这样的次序。结果老是弄错，莎莉文小姐在一旁耐心地为我纠正错误。弄到最后，我发现有一大段串错了，于是，我用心想着，到底应该怎样才能把这些珠子串好。莎莉文老师碰碰我的额头，使劲地拼写出了“想”这个字。

这时，我突然明白了，这个字原来指的是脑子里正在进行的过程。这是我第一次领悟到抽象的概念。

我静静地在那里坐了许久，不是在想珠子的排列方式，而是在脑海中用新的观念来寻求“爱”的解释。那天，乌云密布，间或有阵阵的细雨，突然间太阳突破云层，发出耀眼的光芒。

我又问莎莉文小姐：“爱是不是太阳？”

“爱有点儿像太阳没出来以前天空中的云彩。”莎莉文小姐回答说。她似乎意识到我仍然是困惑的，于是又用更浅显但当时我依然无法理解的话解释说：“你摸不到云彩，但你能感觉到雨水。你也知道，在经过一天酷热日晒之后，要是花和大地能得到雨水会是多么高兴呀！爱也是摸不着的，但你却能感到她带来的甜蜜。没有爱，你就不快活，也不想玩了。”

刹那间，我明白了其中的道理——我感觉到有无数无形的线条正穿梭在我和其他人的心灵中间。

【注释】

① 花团锦簇：形容五彩缤纷，十分华丽。

② 期期艾艾：形容口吃的人吐词重复，说话不流利。

③ 莎士比亚（1564—1616），英国文艺复兴时期伟大的剧作家、诗人，欧洲文艺复兴时期人文主义文学的集大成者。

④ 十四行诗：又译“商籁体”，欧洲一种格律严谨的抒情诗体。

知识链接

1．本文选自海伦·凯勒的《假如给我三天光明》。

2．海伦·凯勒（1880—1968），美国女作家、教育家。幼时患病，两耳失聪，双目失明。七岁时，安妮·莎莉文担任她的家庭教师，从此成了她的良师益友，相处长达 50 年。在莎莉文的帮助下就读于哈佛大学拉德克利夫女子学院，1904 年以优异成绩毕业。在大学期间写了第一本书《我生命的故事》，叙述她如何战胜病残，不仅给盲人而且给成千上万的正常人带来了鼓舞。这本书被译成 50 种文字，在世界各国流传。以后她为许多杂志撰写文章，还写了几部自传体小说——《我所生活的世界》、《从黑暗中出来》、《我的信仰》、《中流——我以后的生活》和《愿我们充满信心》。在这些著作中，她表明黑暗与寂静并不存在，她自己也是个有理智的人。1936 年莎莉文逝世，波丽·汤普逊接替，也成了她的亲密朋友。凯勒后来成了卓越的社会改革家，她到美国各地，到欧洲、亚洲发表演说，为盲人和聋哑人的教育筹集资金。第二次世界大战期间凯勒又访问多所医院，慰问失明的士兵。她的精神受到人们的崇敬。1964 年她被授予美国公民最高的荣誉——总统自由勋章，次年又被推选为世界十名杰出妇女之一。著名的传记作家范怀克·布鲁克斯为她写了传记。

字词过关

1．给下列加点字注音

绽放（　　）　　譬如（　　）

栖息（　　）　　冥思遐想（　　）（　　）

繁衍（　　）（　　）

2．解释下列词语

油然而生　　花团锦簇　　美不胜收　　不可名状　　期期艾艾

任务实施

听：莎莉文小姐是怎样教育“我”认识具体事物的？莎莉文小姐又是怎样逐步引导“我”认识抽象事物的？为什么海伦称莎莉文小姐为“再塑生命”的人？

说：幼年的海伦因病致残以后，愚昧而又乖戾，但后来却成为一个有文化修养的大学生。这个“再塑生命”奇迹的创造，在很大程度上，可以说是莎莉文小姐隽永深沉的爱心和科学的教育方法结出的硕果。谈一谈文中作者是怎样表达自己的感情的？

读：朗读课文，做到准确、流畅、清晰。

写：你有什么爱的故事，回忆一下，写出来，与同学们交流分享。

哲思驿站

失明的我可以给那些看得见的人们一个提示——对那些能够充分利用天赋视觉的人们一个忠告：善用你的眼睛吧，犹如明天你将遭到失明的灾难。同样的方法也可以应用于其他感官。聆听乐曲的妙音，鸟儿的歌唱，管弦乐队的雄浑而铿锵有力的曲调吧，犹如明天你将遭到耳聋的厄运。抚摸每一件你想要抚摸的物品吧，犹如明天你的触觉将会衰退。嗅闻所有鲜花的芳香，品尝每一口佳肴吧，犹如明天你再不能嗅闻品尝。充分利用每一个感官，通过自然给予你的几种接触手段，为世界向你显示的所有愉快而美好的细节而自豪吧！不过，在所有感官中，我相信，视觉一定是最令人赏心悦目的。

——海伦·凯勒的《假如给我三天光明》。

拓展阅读

五 特蕾莎修女

佚 名

学习提示

特蕾莎修女（1910—1997），诺贝尔和平奖获得者，主要特点是“尊重人，尊重他或她的尊严和生来就有的价值。最孤独的人、最可怜的人和快要死的人都得到她的同情，而这种同情不是以恩赐的态度而是以对人的尊重为基础的”。

本文以倒叙的手法，简要介绍了特雷莎修女的人生经历，抓住她尊重人的性格特点，热情讴歌了她朴实而伟大的爱心。阅读课文，思考特蕾莎修女是如何尊重别人的，在现实中我们应该如何去做。

原文导读

她只是一位满面皱纹、瘦弱文静的修女。

1997 年 9 月，当她去世时，印度政府为她举行国葬，全国哀悼两天。成千上万的人冒着倾盆大雨走上街头，为她的离去流下哀伤的眼泪。她就是被誉为“活圣人”的特蕾莎修女。

38 岁的时候，特蕾莎修女从她的家乡——马其顿一个偏僻的乡村来到遥远的印度，来到被称为“噩梦[①]之城”的加尔各答。在这里，她看到有病的人无人照看，孤独的男人和女人躺在街头等死，成百上千失去父母的儿童四处游荡……她感到了工作的召唤，于是脱下修女服，开始了护理和救助穷人的工作，并一直延续了半个世纪。

特蕾莎修女清醒地认识到，居高临下[②]的给予，接受者会有被施舍的屈辱感觉，这对于一个人的尊严是极有害的，它可能导致苦涩和敌意，而不是和谐与和平。在街头，这个瘦小的修女亲手握住快要横死[③]的穷人的手，给他们临终前最后一丝温暖；在医院，这个受着病痛折磨的修女亲吻艾滋病患者的脸庞，为他们筹集医疗资金；她给柬埔寨内战中被炸掉双腿的难民送去轮椅，也送去生活的希望；她细心地从难民溃烂的伤口中捡出蛆虫，帮助他们减轻痛苦……

在特蕾莎修女的感召下，数以万计的人参与了她的“慈善传教士”活动，数以千万计的人从这个修道会的社会福利和救援工作中受益。

1979 年，特蕾莎修女被授予诺贝尔和平奖，给她的颁奖辞是这样说的：“她事业的一个特征就是对单个人的尊重……最孤独的人、最悲惨的人、濒临死亡的人，都从她的手中接到了不含施舍意味的同情，接到了建立在对人的尊敬之上的同情。”面对巨大的荣誉，特蕾莎修女的答辞是：“今天，我来接受这项奖金，是代表世界上的穷人、病人和孤独的人。这个奖是对贫穷世界的承认。”她把奖金全部用于救助那些穷人和受苦难的人，并向诺贝尔委员会提出了一个小小的要求——取消例行的授奖宴会，因为那太浪费了。几句朴实的话语，一身寻常的打扮，但特蕾莎修女身上的光芒却照耀着整个颁奖礼堂。委员会接受了这一请求，并且将省下来的 7100 美元赠予她领导的仁爱传教会。

特蕾莎修女自己也是一个穷人，她的生活朴实无华，但同时她又是世界上最富有的人，因为她拥有爱、给予爱、收获爱。她曾动情地说：“我们所做的不过是汪洋中的一滴水，但若欠缺了那一滴水，这汪洋总是少了一滴水。”特蕾莎修女说这些话的时候，就好像母亲给孩子讲故事，没有花招，没有卖弄，有的只是一颗直白坦率的心灵。她微笑着说：“让我们记住一点，没有人不需要关爱，我们要总是以微笑相见，尤其是在微笑起来很困难的时候，更需要微笑。”

是的，我们的生活中太缺少这样的微笑了。那些脸上肌肉只会作机械运动的美女模特们，当她们面对特蕾莎修女的微笑时，才会发现什么是真正的美。美与爱联系在一起，美是爱的一部分。不懂得爱的人，永远跟美无缘。

【注释】

① 噩（è）梦：可怕的梦。

② 居高临下：处在高处，俯视下面。

③ 横（hèng）死：指因自杀、被害或意外事故而死亡。

知识链接

特蕾莎修女，生于南斯拉夫，印度著名的慈善家，印度天主教仁爱传教会创始人，曾在世界范围内建立了一个庞大的慈善机构网，赢得了国际社会的广泛尊敬。1979 年被授予诺贝尔和平奖。1997 年 9 月逝世于加尔各答。

她创建的组织有数亿元的资产；她带领着 7000 多名正式成员，还有数不清的追随者和义务工作者分布在 100 多个国家；她认识众多的总统、国王和企业巨子，并受到他们的仰慕和爱戴。

可是，她住的地方，唯一的电器是一部电话；她穿的衣服，一共只有 3 套，而且自己洗换；她只穿凉鞋没有袜子。

她把一切都献给了穷人、病人、孤儿、孤独者、无家可归者和垂死临终者；她从12岁起，直到87岁去世，从来不为自己而只为受苦受难的人活着。

她，被称为“贫民窟的圣人”的特蕾莎，也被世人亲切地称为“特蕾莎嬷嬷”。

六 小提琴的力量

（澳大利亚）布里奇斯

学习提示

这是一首爱的颂歌。一位身患绝症的女孩，用她甜甜的微笑和纯真善良，“震颤了两位迷途少年的心弦，让他们重树命运的信念”。爱在她的微笑中传递，她的生命也在爱的长河中延续。作者用悠扬婉转的小提琴旋律奏响爱的乐章，让我们在纯净恬淡的情景中感受爱的真谛。

课文的标题是“小提琴的力量”，请联系课文想一想：小提琴的力量是什么？它告诉我们哪些做人的道理？课文构思巧妙圆熟，伏笔与呼应安排自然，文笔细腻流畅，阅读时要注意体会。

原文品读

每天黄昏的时候，我都会带着小提琴去尤莉金斯湖畔的公园散步，然后在夕阳中拉一曲《圣母颂》，或者是在迷蒙的暮霭①里奏响《麦绮斯冥想曲》，我喜欢在那悠扬婉转的旋律中编织自己美丽的梦想。小提琴让我忘掉世俗的烦恼，把我带入一种田园诗般纯净恬淡的生活中去。

那天中午，我驾车回到离尤莉金斯湖不远的花园别墅。刚刚一进客厅门，我就听见楼上的卧室里有轻微的响声，那种响声我太熟悉了，是我那把阿马提小提琴发出的声音。“有小偷!”我一个箭步冲上楼，果然不出我所料，一个大约十二岁的少年正在那里抚摸我的小提琴。那个少年头发蓬乱，脸庞瘦削，不合身的外套鼓鼓囊囊，里面好像塞了什么东西。我一眼瞥见自己放在床头的一双新皮鞋失踪了，看来他确实是个贼。我用结实的身躯堵住了少年逃跑的路，这时，我看见他的眼里充满了惶恐、胆怯和绝望。就在刹那间，我突然想起了记忆中那块青色的墓碑，我愤怒的表情顿时被微笑所代替。我问道：“你是拉姆斯敦先生的外甥鲁本吗？我是他的管家，前两天我听拉姆斯敦先生说他有一个住在乡下的外甥要来，一定是你了，你和他长得真像啊!”

听见我的话，少年先是一愣，但很快就接腔说：“我舅舅出门了吗？我想我还是先出去转转，待会儿再来看他吧。”我点点头，然后问那位正准备将小提琴放下的少年：“你很喜欢拉小提琴吗？”“是的，但我很穷，买不起。”少年回答。“那我将这把小提琴送给你吧。”我语气平缓地说。少年似乎不相信小提琴是一位管家的，他疑惑地望了我一眼，但还是拿起了小提琴。临出客厅时，他突然看见墙上挂着一张我在悉尼大剧院演奏的巨幅彩照，于是浑身不由自主地战栗了一下，然后头也不回地跑远了。我确信那位少年已明白是怎么回事，因为没有哪一位主人会用管家的照片来装饰客厅。

那天黄昏，我破例没有去尤莉金斯湖畔的公园散步。妻子下班回来后发现了我的这一反常现象，忍不住问道："你心爱的小提琴坏了吗？""哦，没有，我把它送人了。""送人？怎么可能！你把它当成了你生命中不可缺少的一部分。""亲爱的，你说的没错。但如果它能够拯救一个迷途的灵魂，我情愿这样做。"看见妻子并不明白我说的话，我就将当天中午的遭遇告诉了她，然后问道："你愿意再听我讲述一个故事吗？"妻子迷惑不解地点了点头。"当我还是一个少年的时候，我整天和一帮坏小子混在一起。有天下午，我从一棵大树上翻身爬进一幢公寓的某户人家，因为我亲眼看见这户人家的主人驾车出去了，这对我来说正是偷盗的好时机。然而，当我潜入卧室时，我突然发现有一个和我年纪相当的女孩半躺在床上，我一下子怔在那里。那位女孩看见我，起先非常惊恐，但她很快就镇定下来，她微笑着问我：'你是找五楼的麦克劳德先生吗？'我一时不知说什么好，只好机械地点头。'这是四楼，你走错了'。女孩的笑容甜甜的。我正要趁机溜出门，那位女孩又说：'你能陪我坐一会儿吗？我病了，每天躺在床上非常寂寞，我很想有个人跟我聊聊天。'我鬼使神差[②]地坐了下来。那天下午，我和那位女孩聊得非常开心。最后，在我准备告辞时，她给我拉了一首小提琴曲《希芭女王的舞蹈》。看见我非常喜欢听，她又索性将那把阿马提小提琴送给了我。就在我怀着复杂的心情走出公寓，无意中回头看时，我发现那幢公寓楼竟然只有四层，根本就不存在所谓的居住在五楼的麦克劳德先生！也就是说，那位女孩其实早知道我是一个小偷，她之所以善待我，是因为想体面地维护我的自尊！后来我再去找那位女孩，她的父亲却悲伤地告诉我，患骨癌的她已经病逝了。我在墓地里见到了她青色的石碑，上面镌刻[③]着一首小诗，其中有一句是这样的：'把爱奉献给这个世界，所以我快乐！'"

三年后，在墨尔本市高中生的一次音乐比赛中，我应邀担任决赛评委。最后，一位叫梅里特的小提琴选手凭借雄厚的实力夺得了第一名。评判时，我一直觉得梅里特似曾相识，但又想不起在哪里见过。颁奖大会结束后，梅里特拿着一只小提琴匣子跑到我的面前，脸色绯红地问："布里奇斯先生，您还认识我吗？"我摇摇头。"您曾经送过我一把小提琴，我一直珍藏着，直到有了今天！"梅里特热泪盈眶地说，"那时候，几乎每一个人都把我当成垃圾，我也以为我彻底完蛋了，但是您让我在贫穷和苦难中重新拾起了自尊，心中再次燃起了改变逆境的熊熊烈火！今天，我可以无愧地将这把小提琴还给您了……"

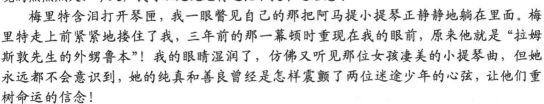

梅里特含泪打开琴匣，我一眼瞥见自己的那把阿马提小提琴正静静地躺在里面。梅里特走上前紧紧地搂住了我，三年前的那一幕顿时重现在我的眼前，原来他就是"拉姆斯敦先生的外甥鲁本"！我的眼睛湿润了，仿佛又听见那位女孩凄美的小提琴曲，但她永远都不会意识到，她的纯真和善良曾经是怎样震颤了两位迷途少年的心弦，让他们重树命运的信念！

【注释】

① 暮霭（ǎi）：傍晚的云雾。

② 鬼使神差（chāi）：好像鬼神暗中差使一样，形容意外地发生某种巧合的事或不由自主地做出某种意想不到的事。

③ 镌（juān）刻：雕刻。

心动行动

请同学们朗读下面的文章，体会情感，练习演讲。

美德与修养

中华民族自古以来就是一个讲究品德教育、个人修养的民族，一种执著的追求、一次慰藉人心的宽容微笑都能融汇成美德赞颂曲上一个个动人心弦的音符。

千百年来的文明礼仪之风传承至今，因此我国向来就有“文明古国”之称。一个素质高、有教养的现代文明人，必须有良好的礼仪文明。文明礼仪处处可见，这些常常发生在我们身边的小事中，往往被我们所忽略。

遇见老师时主动向老师问好；进老师办公室前先敲门；坐公交车时主动给老人让座；不乱扔垃圾……文明礼仪是自身的修养，它就如同一棵小树，只要你注重它，从点点滴滴的事去表现它，它就会在你的心中扎根、成长。虽微不足道，但却是我们每个人都不能缺少的。

公共文明是社会意识的集中体现，但是，公共文明建立在我们每个人的道德修养之上，所以，个人文明才是根本。鲁迅曾说过：“中国欲存争于天下，其首在立人，人立而后凡举。”所以首先要完善个人修养，人的文明修养不是与生俱来的，而是靠后天不断完善的。文明美德就如一泓清泉可以为我们滋润心灵，给予我们心灵的慰藉。

我们要做具有中华传统美德的新时代中职生，不让陋习沾染我们如花的青春，更不让陋习陪伴我们度过最美好的人生！让我们的校园从此绽放美丽，让我们的社会迸发出文明的火花，让我们拥抱文明，和美德手拉手，结伴同行！

任务二　口语交际

演　讲

范例借鉴

让青春飞扬

时常哼起姜育恒的那首《再回首》，唯独对“曾经在幽幽暗暗反反复复中追寻，才知道平平淡淡从从容容是最真”这一句不愿认同。“孤独王子”唱得未免太超然了——一生反复追寻，就只得出了平淡是真的结论。

平平淡淡是最真，说到底不就是自甘平庸、自甘无为吗？曾几何时，我们这些带着彩色梦走进大学校门的莘莘学子也在高喊着：平平淡淡是最真。而且有人认为只要“与世无争，恬淡一生”便可无忧无虑地生存，颇有要把老庄的“无为”思想发扬光大之势。是什么使我们丰富的校园生活渐褪了缤纷的色彩呢？又是什么使我们真实的熔浆凝固，不再有来自内心深处的热血沸腾？是因为我们没有走进梦想中的象牙塔？是因为我们未走出自我困惑的地带？还是因为我们的心真的不再年轻，确实把一切都看得平淡了呢？不！都不是！主宰世界的是你，放弃世界的仍然是你。

生活得最好的人，不是寿命最长的人，而是最能感受生活的人。除了你没有走进理想的大学，除了你没有把握住一次几乎成功的爱情，除了你心中那份虚荣与倨傲，你对生活究竟有多少正确的感受？生活究竟给过你多少真正的重荷与不平呢？没有！只因为在当代的中国，在我们这个文盲、半文盲数以亿计的国度里，大学生既被社会过高的期待，也过高地期待着社会，只因为我们不能正确地看待自己，也不能正确认识社会。那种求平淡的心态，仍是不思进取的借口。于是，你曾经也想要有所作为，却不知道从何做起，跟着感觉走，在各种诱惑面前远离本真状态，被泥沙俱下的时代大潮裹挟着四处漂流。当你疲倦地走过无数个三百六十五里，你才发现留在身后的除了那份平淡，什么也没有。

不再回头的，不只是那古老的晨光，也不只是那些个夜晚的群星和月亮，还有我们的青春在流逝着。四年，我们有幸拥有着这四年，但多少人的四年已一去不返；还有多少人在为能拥有这四年而埋头于题海和各种各样的模拟考试中呢？当初我们从他们这种状况中走出来，走进许多人梦寐以求的大学，难道就是为了追求“平平淡淡是最真”吗？

在我们这四年的每个日子里，倾注了亲人的多少关怀和温暖。他们流淌着辛勤的汗水，默默地支持着子女的选择，他们唯一的希望就是我们能走自己的人生之路，时时刻刻流露着对我们的期待，期待我们能用知识武装大脑，用我们的手去为人们描画更美的生活。在亲人面前，在那些关注我们的人的面前，我们又有什么理由去认为“平平淡淡是最真”呢？难道我们付出我们的金色年华，挥洒着父母的血汗仅仅是为了换取这份平平淡淡吗？仅仅是为了换取一张各科都过了60分的毕业证吗？小到为了每个家庭的付出，大到为了那如水流逝的时光，我们怎么就可以轻易认同“平平淡淡”才是真呢？

最欣赏把撒哈拉沙漠变成人们心中绿洲的三毛，也最欣赏她一句话：即使不成功，也不至于成为空白。成功女神并不垂青所有的人，但所有参与、尝试过的人，即使没有成功，他们的世界也不是一份平淡，不是一片空白。记得有一天和班上几位刚参加美术班学习的女生谈起了她们学习美术以后的感觉和收获。她们告诉我：并没有什么大飞跃，但确实已学会了怎样用心去观察一个事物。也许她们永远成为不了画家，但是我赞叹她们的这份参与意识和尝试勇气。我想告诉她们，即使你们不成功，你们也没有成为空白。

说到这里有人会说，我的确很平凡，无一技之长，不会唱歌不会跳舞，更不会吟诗作画，注定这四年就这么平淡了。世上不过只有一个天才贝多芬，也不过是只有一个神童莫扎特，更多的人是通过尝试，通过毅力化平淡为辉煌。毅力在效果上有时能同天赋相比。有一句俗语说，能登上金字塔的生物只有两种：鹰和蜗牛。虽然我们不能都像雄鹰一样一飞冲天，但我们至少可以像蜗牛那样凭着自己的耐力默默前行。

不要再为落叶伤感，为春雨掉泪；也不要满不在乎地挥退夏日的艳阳，让残冬的雪来装饰自己的面纱；岁月可使皮肤起皱，而失去热情则使灵魂起皱。

拿出我们尝试的勇气，拿出我们青春的热情，待大学四年毕业时，再回首，我们没有平淡、遗憾的青春。让我们的青春飞扬吧！

点评

这篇优秀的演讲稿最引人注目的是它扑面而来的青春气息和富有哲理的语言风格。

首先，演讲者选择了一个极具时代气息的青年人关心的热门话题，不谈古而论今，从一首流行歌曲的歌词开始，巧妙入题，单刀直入，直切主题，通过包含情感的分析，批驳了一种无为的消极人生观，鼓励青年朋友们树立起积极向上的人生观和生活态度。

其次，这篇演讲稿时时处处闪现着精彩而富有哲理的语言，这些语言使整个演讲具有了一种思辨的色彩，给整个演讲稿赋予了活的灵魂。如："生活得最好的人，不是寿命最长的人，而是最能感受生活的人""不再回头的，不只是那古老的晨光，也不只是那些个夜晚的群星和月亮，还有我们的青春在流逝着"等。

再次，演讲者在作品中大量运用了诗一般的语言。例如，"不要再为落叶伤感，为春雨掉泪；也不要满不在乎地挥退夏日的艳阳，让残冬的雪来装饰自己的面纱；岁月可使皮肤起皱，而失去热情则使灵魂起皱"给听众一个美好的意境，增强了文章的气势和说服力。

最后，文章中渗进了形象的比喻，如："能登上金字塔的生物只有两种：鹰和蜗牛。虽然我们不能都像雄鹰一样一飞冲天，但我们至少可以像蜗牛那样凭着自己的耐力默默前行。"

知识链接

一、演讲稿的概念

演讲稿也叫演说词，它是在较为正式的仪式上和某些公众场所发表的讲话文稿。演讲稿是进行演讲的依据，是对演讲内容和形式的规范和提示，它体现着演讲的目的和手段、演讲的内容和形式。

演讲稿具有宣传、鼓动、教育和欣赏等作用。演讲和表演、作文有很大的区别。演讲是演讲者（具有一定社会角色的现实的人，而不是演员）就人们普遍关注的某种有意义的事物或问题，通过口头语言面对一定场合（不是舞台）的听众（不是观看艺术表演的观众），直接发表意见的一种社会活动（不是艺术表演）。

二、演讲稿的特点

演讲稿具有以下三个特点：

1. 针对性

演讲是一种社会活动，是用于公众场合的宣传形式。它为了以思想、感情、事例和理论来晓谕听众，打动听众，"征服"群众，必须要有现实的针对性。

2. 可讲性

演讲的本质在于"讲"，而不在于"演"，它以"讲"为主、以"演"为辅。由于演讲要诉诸口头，拟稿时必须以易说能讲为前提。

3．鼓动性

演讲是一门艺术。好的演讲自有一种激发听众情绪、赢得好感的鼓动性。

三、演讲稿的结构

演讲稿的结构分开头、主体、结尾三个部分，其结构原则与一般文章的结构原则大致一样。

1．开头要抓住听众，引人入胜

（1）演讲稿的开头，也叫开场白。开场白的要素主要有：①楔子。用几句诚恳的话同听众建立个人间的关系，获得听众的好感和信任。②衔接。直接地反映出一种形势或是将要论及的问题，常用某一件小事、一个比喻、个人经历、轶事传闻或出人意料的提问，将主要演讲内容衔接起来。③激发。可以提出一些激发听众思维的问题，把听众的注意力集中到演讲中来。④触题。一开始就告诉听众自己将要讲些什么。世界上许多著名的政治家、作家和国家领导人的演讲都是这样的。

（2）演讲稿开头的方法有多种，通常用的主要有：①开门见山，提示主题。这种开头是一开讲就进入正题，直接提示演讲的中心。②介绍情况，说明根由。这种开头可以迅速缩短与听众的距离，使听众急于了解下文。③提出问题，引起关注。这种方法是根据听众的特点和演讲的内容，提出一些激发听众思考的问题，以引起听众的注意。除了以上三种方法，还有释题式、悬念式、警策式、幽默式、双关式、抒情式等。

2．主体要环环相扣，层层深入

这是演讲稿的主要部分。在行文的过程中，要处理好层次、节奏和衔接等几个问题。

3．结尾要简洁有力，余音绕梁

结尾是演讲内容的自然收束。言简意赅、余音绕梁的结尾能够使听众精神振奋，并促使听众不断地思考和回味；而松散疲沓、枯燥无味的结尾则只能使听众感到厌倦，并随着事过境迁而被遗忘。

四、演讲稿的语言

写作演讲稿在语言运用上应注意以下五个问题：

（1）要口语化。“上口”、“入耳”是对演讲语言的基本要求，也就是说演讲的语言要口语化。

（2）要通俗易懂。演讲要让听众听懂。如果使用的语言讲出来谁也听不懂，那么这篇演讲稿就失去了听众，因而也就失去了演讲的作用、意义和价值。

（3）要生动感人。好的演讲稿，语言一定要生动。如果只是思想内容好，而语言干巴巴，那就算不上是一篇好的演讲稿。

（4）要准确朴素。

（5）要控制篇幅。演讲稿不宜过长，要适当控制时间。

任务实施

任务设计：演讲比赛——命运由谁掌控

任务目的：

1．培养学生语言表达及演讲的水平，进而提升自身素质。

2．增强学生的自信心、自豪感，丰富学生的课余生活，繁荣校园文化。

实施步骤：

1．学生自己根据题目收集资料，撰写演讲稿。每人的演讲时间规定在4分钟之内，内容要求积极健康。

2．根据报名情况给选手编号，抽签决定比赛顺序。

3．选手依次上台进行演讲。演讲时要脱稿，不得照稿宣读。演讲完毕，请评委打分。

4．主持人宣布演讲比赛最后结果。

任务三　应用文写作

充满感情的应用文——演讲稿

读读想想

美国总统林肯是个著名的演说家，他自幼家境贫寒，在艰苦的劳作之余，刻苦读书，熟读了许多历史和文学书籍，通过自学使自己成为一个博学而又充满智慧的人。在就任第十六任总统时，林肯把自己锁在小屋里，摒弃一切干扰，写成了美国具有历史意义的就职演讲稿。丘吉尔被誉为“世界的演说家”，他由于早产有许多先天不足，身高不足1.65米，没有堂堂的仪表和翩翩的风度，说话结结巴巴，口齿不清，并且还没有受过大学教育。他依靠自己坚韧不拔的毅力和勤奋好学、刻苦钻研的精神，最终成为举世闻名的雄辩的演说家，成功地登上了英国首相的宝座。面对他的成功，丘吉尔的儿子一语中的：“我的父亲他把一生中最宝贵的年华，都花在写演讲稿和背诵演讲稿上了。”

由此可见，写作演讲稿对演讲成功有多么重要的作用。写好演讲稿是演讲成功的关键，也是一个成功的演讲者所应具备的基本功夫。

写作导航

1．概念解说

演讲稿也叫演说词，它是在较为隆重的仪式上和某些公众场所发表的讲话文稿。演讲稿是进行演讲的依据，是对演讲内容和形式的规范和提示，它体现着演讲的目的和手段、演讲的内容和形式。

2．格式内容

演讲稿的写作格式与内容如下：

<table>
<tr>
<td>

即使碎了，我片片都是真诚

各位听说过这样一句话吗？真诚不是智慧，但它常常放射出比智慧更诱人的光泽。茫茫人海，芸芸众生，在我们的生活中哪一处能缺少真诚？真诚是什么？真诚是巨大痛苦的一剂良药，是沙漠中的一汪清泉，是阴云遮不住的一片晴空……我听说过这样一个真实的故事：少女安妮由于受到严重碰撞，成了植物人，如同死人一般，现代的医疗技术也束手无策。她醒来的希望极为渺茫，安妮亲密的伙伴东尼默默承受着巨大的痛苦，每天来到她的床前，抓着她的手轻轻地呼唤着，仿佛在同一个正常的安妮娓娓而谈。日复一日，年复一年，奇迹终于出现了，真诚战胜了死神，安妮苏醒了过来。

的确，再先进的技术手段也有其力所不达的盲区，但精诚所至，金石为开。

当我们赞叹真诚的力量时，也会听到一些抱怨，说生活中缺少真诚。我想那是因为我们总渴望享受真诚，却忘记了真诚必须由真诚换取。《渴望》中的刘慧芳把自己的真诚给了所有人，虽然生活给了她太多坎坷，可她的真诚换来了人们的理解和敬佩。这就是真诚的力量。

如果你希望自己周围充满真诚，那么就先让自己真诚起来吧！我用这样一首诗作为人生信条：大理石，雕成塑像；铜，铸成钟；而我这个人，是用真诚制造的，即使破了、碎了，我片片都是真诚。

</td>
<td>

1. 标题：“题好一半文”——新颖、独特。

2. 正文：开头要先声夺人，富有吸引力，用最简明的语言调动听众的兴奋点，反复阐明演讲的中心问题，要清楚、透彻，有说服力，有感召力。

3. 结尾部分：切实、清晰、干净利落，让人回味思索。

</td>
</tr>
</table>

范例参考

俞敏洪在北京大学2008年开学典礼上的演讲

各位同学、各位领导：

大家上午好！

非常高兴许校长给我这么崇高的荣誉，让我谈一谈在北大的体会。

可以说，北大是改变了我一生的地方，是提升了我自己的地方，是使我从一个农村孩子最后走向了世界的地方。没有北大，肯定就没有我的今天。北大给我留下了一连串美好的回忆，也留下了一连串的痛苦。我正是在美好和痛苦中间，在挫折、挣扎和进步中间，最终找到了自我，开始为自己、为家庭、为社会做一点儿事情。

记得我在北大读书时，我的成绩一直排在全班最后几名。但是，当时我已经有一个良好的心态。我知道，我在聪明上比不过我的同学，但是我有一种能力，就是持续不断地努力。所以在我们班的毕业典礼上，我说了这么一段话，到现在我的同学还能记得。我说：“大家都获得了优异的成绩，我是我们班的落后同学。但是我想让同学们放心，我决不放弃。你们五年干成的事情我干十年，你们十年干成的我干二十年，你们二十年干成的我干四十年。”

人们常说，能够到达金字塔顶端的只有两种动物，一是雄鹰，靠自己的天赋和翅膀飞了上去。我们这儿有很多雄鹰式的人物，很多同学学习不需要太努力就能达到优秀。他们身上充满了天赋，不需要特别用功就有这样的才能。比如我的班长王强，他的模仿能力就是超群的，任何一句话，听一遍模仿出来，绝对不会两样，所以他在北大广播站当了四年播音员。每天听着他的声音，我心里特别羡慕他。所以，有天赋的人就像雄鹰。但是，大家也知道，有另外一种动物，也到了金字塔的顶端，那就是蜗牛。蜗牛从底下爬到上面可能要一个月、两个月，甚至一年。我相信蜗牛绝对不会一帆风顺地爬上去，一定会掉下来，再爬，掉下来再爬。但是，同学们所要知道的是，蜗牛只要爬到金字塔顶端，他眼中所看到的世界，它收获的成就，跟雄鹰是一模一样的。我在北大的时候，包括今天为止，我一直认为我是一只蜗牛。但是我一直在爬，也许还没有爬到金字塔的顶端。但是只要你在爬，就足以给自己留下令生命感动的日子。

我常常跟同学们说，如果我们的生命不为自己留下一些让自己热泪盈眶的日子，你的生命就是白过的。我们很多同学凭着优异的成绩进入了北大，但是北大绝不是你们学习的终点，而是你们生命的起点。在一岁到十八岁的岁月中间，你听老师的话、听父母的话，现在你真正开始了自己的独立生活。我们必须为自己创造一些让自己感动的日子，你才能够感动别人。我们这里有富裕家庭来的，也有贫困家庭来的，我们生命的起点由不得我们选出生在富裕家庭还是贫困家庭，但是我们生命的终点是由我们自己选择的。我们所有在座的同学过去都走得很好，已经在十八岁的年龄走到了很多中国孩子前面。但是，到北大并不意味着你从此大功告成，并不意味着你未来的路也能走好，后面的五十年、六十年，甚至一百年你该怎么走，成为了每一个同学都要思考的问题。就本人而言，我觉得只要有两样东西在心中，我们就能成就自己的人生。

第一样叫做理想。我从小就有一种感觉，希望穿越地平线走向远方，我把他叫做“穿越地平线的渴望”。也正是因为这种强烈的渴望，使我有勇气不断地参加高考。当然，我生命中也有榜样。比如我有一个邻居，非常有名，是我终生的榜样，他的名字叫徐霞客。当然，是五百年前的邻居，他是江苏江阴的，我也是江苏江阴的。因为崇拜徐霞客，直接导致我在高考的时候地理成绩考了九十七分。也是徐霞客给我带来了穿越地平线的这种感觉，所以我也下定决心，如果徐霞客走遍了中国，我就要走遍世界。而我现在正在实现自己的这一梦想。所以，只要你心中有理想、有志向，同学们，你终将走向成功。你所要做到的就是在这个过程中有艰苦奋斗、忍受挫折和失败的能力，要不断地把自己的心胸扩大，才能够把事情做得更好。

第二样东西叫良心。什么叫良心呢？就是要做好事，要做对得起自己对得起别人的事情，要有和别人分享的姿态，要有愿意为别人服务的精神。在北大当学生时，我一直比较具备为同学服务的精神。我这个人成绩一直不怎么样，但我从小就热爱劳动，所以我从小学一年级就一直打扫教室卫生。到了北大以后我养成了一个良好的习惯，每天为宿舍打扫卫生，这一扫就扫了四年。所以我们宿舍从来没排过卫生值日表。另外，我每天都拎着宿舍的水壶去给同学打水，把它当做一种体育锻炼。大家看我打水习惯了，最后还产生这样一种情况，当我忘记了打水时，同学就提醒我怎么还不去打水。但是我并不觉得打水是一件多么吃亏的事情。因为大家是同学，互相帮助是理所当然的。十年后，到了 1995 年年底时，我事业的发展需要找合作者。于是，我就跑到了美国和加拿大去寻找我当年的同学，他们在大学的时候都是我学习的榜样。后来，他们跟我回来了，但是给了我一个十分意外的理由。他们说：“我们回去，是冲着你过去为我们打了四年水。”他们还说：“我们知道，你有这样的一种精神，因此你有饭吃，肯定不会给我们粥喝。所以，我们和你一起回国。”

人的一生是奋斗的一生，但是有的人一生过得很伟大，有的人一生过得很琐碎。如果我们有一个伟大的理想，有一颗善良的心，我们一定能把很多琐碎的日子堆砌起来，变成一个伟大的生命。但是如果你每天庸庸碌碌，没有理想，从此停止进步，那未来你一辈子的日子堆积起来将永远是一堆琐碎。所以，我希望所有的同学能把自己每天平凡的日子堆砌成伟大的人生！

温馨提示

1．了解对象，有的放矢。
2．观点鲜明，感情真挚。
3．行文变化，富有波澜。
4．结构合理又精巧。

动手写写

一家公司要从 3 个应聘人员里选出两个。他们给出的题目是这样的：假如你们 3 个人一起去沙漠探险，在返回的半路上，车子抛锚了。这时，你们只能在 7 样东西里选择 4 样带着，这些东西分别是：镜子、刀、帐篷、水、火柴、绳子、指南针。其中，帐篷只能住两个人，水也只有一瓶。你会选什么？原因是什么？请撰写 600 字的演讲稿。

任务四　语文综合实践

美德之心——主题班会“温良恭俭让之待人之道”

情景案例

➲ **案例**

这是姚明在 NBA 生涯的第一场全明星赛。

在这场比赛里他只打了 17 分钟，那是两支明星队 10 名首发球员里最少的一个。他一共就投了一个篮——那是一个他不得不投的球，开场 5 分钟，他就在篮下，老大弗朗西斯把球传到了他的头顶上。除了空中接力，他没有其他任何选择。

在拿完这 2 分以后，姚明好像已经结业了。他再也不尝试去投篮，即使在三秒区边上也把球扔给奥尼尔和加内特。在这场近年来颇为精彩的全明星大战中，姚明非常自觉地把自己扔在了一个跑龙套的角色上。在很多中国球迷说姚明怎么打得那么臭时，姚明正在酒店里吃夜宵，他说：“我怎么了？没事儿啊，2 分不是挺好的么。”

自从姚明被选进全明星首发名单开始，姚明就担心，他被球迷和舆论架上去，会不会让那些已经打了很多年的老球员不爽。在比赛前一天，有人问他是否知道这场全明星应该怎么打时，他说：“就是传球、传球再传球；坐在替补席上，看着加内特拼命扣篮，诺维茨基远投三分，奥尼尔像个活宝一样一边晃荡着一边在胯下运球。”姚明咧开嘴笑，他发自心底地想在这天晚上当个观众。在亚特兰大，姚明把中国人的温良恭让发挥到了极致。

姚明说人家给他讲过迈克尔·乔丹年轻时的故事。说乔丹第一次参加全明星赛，看见“微笑刺客”托马斯这样的明星师兄也不主动打招呼，参加扣篮大赛的预赛还不脱长裤，招致很多人指责他没礼貌。后来在东部决赛里，托马斯率领的底特律活塞队一见到芝加哥公牛队就玩命，打败过公牛队两回。姚明说：“人家说乔丹很狂，但他最后打出来了，天下没人能和他争了。于是他成了天神，不再有人说他狂了。假如他没打出来呢，假如他因为受伤或者什么原因，没能拿到总冠军，别人又会怎么说他？”

“枪打出头鸟。”姚明说，“我老实一点，没什么不好。”

点评

当你成功时，有人把你捧上云端；当你失败时，有人把你踩在泥里；但无论成功失败，请不要忘记：皇天之下，厚土之上，才是我们本该在的位置。我们应时刻谨记自己的位置，低调地做人，脚踏实地地做事，温良恭让才是待人之道。

知识链接

一、什么是“温良恭俭让”

“温良恭俭让”意为温和、善良、恭敬、节俭、忍让这五种美德，是儒家提倡待人接物的准则，出自《论语·学而》“夫子温良恭俭让以得之”。

温者貌和，良者心善，恭者内肃，俭乃节约，让即谦逊。

“温，谓颜色和也”也就是指对人的态度温和。在现实生活中，我们可以将这种美德拓展为：温厚待人、宽以待人、严于律己，不自以为是、盛气凌人等。在遇到利害冲突时，要有宽阔的胸怀，要有海纳百川的境界，温厚待人，温厚待物，善待人生的一切利害得失。

“良”指的是优良的道德品质和衡量它们的标准。“良”是核心，是本质的东西，“温、恭、俭、让”则是其自然流露和表现形式。善良是成功的基本素养，人生在世需要有同情心和责任感，在学会做事前先要学会做人。在与人交流时，要善良可亲，语言文明，体现出良好的文化修养。讲话时要语句文雅，语气检点，以示对交往对象的尊重友好。在实际工作中，努力做到爱岗敬业，忠于职守，一心一意地做好本职工作，这一切都可以说是善良的体现，也是人生在世应有的素质。

“恭”是表象，“敬”是本质。“在貌为恭，在心为敬”是指态度端庄、对人谦和，以及对同志特别是对长者的尊敬。为人处世既要自尊自重，又要尊重他人。不但要尊重领导，而且对同事、对社会上的弱势群体也要尊重，一视同仁。“恭”体现在处事上要小心而无私。

“俭”是中华民族的传统美德，指勤俭、节约；言语举止、衣着打扮不能过分张扬；服饰应当合乎身份，既要保持庄重朴素，又要体现大方整洁。

“让”含有退让、谦让、辞让的意思，“厚人自薄谓之让”。“让”字里面包含着讲文明，讲礼貌，讲团结，讲道德，克己为人，顾全大局的丰富内容。“让”不是让我们时时退让、事事避让，而是让我们为人处世谦虚谨慎，礼貌文雅，要尊重交往对象的人格，妥善地协调各种人际关系，营造一个宽松的工作环境，提高工作效率，更好地服务于人民群众，服务于社会。

二、“温良恭俭让”在竞争激烈的当代如何诠释

当代社会，经济飞速发展，人们生活节奏快，竞争激烈，人们在充分体现个人价值的同时，社会中也存在一些不健康、不文明现象，拜金主义、享乐主义、极端个人主义在一些人中还有市场，少数人思想混乱，道德缺失，是非、善恶、美丑混淆。这些问题的出现和蔓延，对社会道德体系造成了冲击，损害了社会风气，也影响了经济社会的健康发展。一个社会要全面发展，应当是物质文明、精神文明、政治文明协调进行。社会风气的好坏，是社会文明程度的

重要标志。公民的思想道德建设，必须以正确的价值观为指导。是非、善恶、美丑的界限绝对不能混淆，坚持什么、反对什么，倡导什么、抵制什么，都必须旗帜鲜明，立场坚定。

以热爱祖国为荣，以危害祖国为耻。
以服务人民为荣，以背离人民为耻。
以崇尚科学为荣，以愚昧无知为耻。
以辛勤劳动为荣，以好逸恶劳为耻。
以团结互助为荣，以损人利己为耻。
以诚实守信为荣，以见利忘义为耻。
以遵纪守法为荣，以违法乱纪为耻。
以艰苦奋斗为荣，以骄奢淫逸为耻。

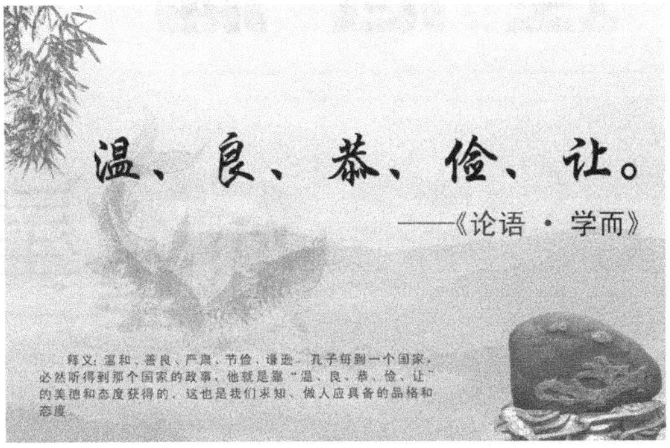

“八荣八耻”展现了现代社会的特性。随着科技发展和社会进步，人们的公共生活领域不断扩大，相互交往日益频繁，社会分工日益细密，“八荣八耻”在维护公众利益、公共秩序以及保持社会稳定方面的作用更加突出，成为公民个人道德修养和社会文明程度的重要表现。“八荣八耻”在公共生活、公共利益等方面，确立了公民应当遵循的行为准则，有利于促进社会的全面进步和人的全面发展。这些体现在我们个人实践上，正是古人所倡导的“温良恭俭让”。

任务实施

活动主题：《美德之心—— 温良恭俭让的待人之道》主题班会。

活动准备：

1．确定主持人一名，记录员一名，音响师一名；全班分组准备。

2．准备并剪辑视频材料：姚明在 2003 年参加的美国职业篮球联赛全明星赛；2004 年 2 月 23 日火箭队对阵老鹰队姚明获得职业生涯单场最高得分 41 分。剪辑精彩镜头，时间控制在五分钟左右，并附加必要文字提示。

3．收集关于古今美德故事的图文资料：如何对待父母师长、朋友兄弟、竞争对手、贫弱幼小等。

4．以“我要践行温良恭俭让”为题写一篇演讲稿，谈谈我将如何做到“温良恭俭让”，拥有“美德之心”。

活动步骤：

1．主持人发言，明确班会主题、班会目的。

2．播放剪辑视频。

3．分组讨论姚明初到美国职业篮球联赛赛场是否应该“温良恭俭让”。（自由讨论，畅所欲言，主持人作总结。）

4．联系“八荣八耻”，分小组讨论“美德”的内涵，讲述自己准备的古今美德故事。

5．每组选出代表谈谈自己的感受：对待父母师长如何做到“恭”、对待朋友同学如何做到“让”、对待竞争对手如何做到“温”、对待贫弱幼小如何做到“良”。

6．朗读演讲稿《我要践行温良恭让》，让同学们体会到：一时的温良恭让容易，能一辈子实践温良恭让，并成为习惯，还需要学会感恩、宽容，更应该学会心中有“爱”。

7．主持人作总结，并组织全体同学诵读《弟子规》，宣布班会结束。

Ⅱ 理想篇

仰望星空

殷殷寄语

两只杯子

一天，父亲给我两只杯子，里面装满了泥土。父亲要我把杯子放在窗台上，每天给它们浇水。

两个星期后，其中一只杯子的泥土里冒出了两片细细的嫩叶，我把这个消息告诉了父亲。

父亲问我说："你同时给两只杯子里的泥土浇水，同时为它们付出了辛劳和汗水，为什么一只杯子里长出了新叶，而另一只杯子里却什么也长不出来呢？"

我确实不知道里面有什么奥妙。父亲接着说："那是因为我在其中一只杯子里埋入了一粒种子，另一只则没有。"

"这粒种子就代表着生命的理想、信念和目标。那个没有种子的杯子就意味着生命没有理想、信念和目标。这说明如果生命没有理想、信念和目标，就是付出再多的辛劳和汗水，生命也不会有收获。"

第二天，父亲又给我两只杯子，里面也装满了泥土。这次，父亲要我只给其中的一只杯子里浇水。

两个星期后，那只浇水的杯子里冒出了新叶，而另一只没有浇水的杯子里却什么也没有长出来。父亲又说："在这两只杯子里，我各埋入了一粒种子，为什么浇水的那只冒出了新叶，而没有浇水的那只却没有呢？"

父亲又说："那是因为，生命仅有理想、信念和目标是不够的，还要懂得为它付出，没有辛勤汗水的浇灌，就是再好的'种子'，再好的理想、信念和目标，也只是海市蜃楼、空中楼阁，永远成不了现实。"

任务一　阅读与欣赏

七　不要抛弃学问

胡　适

学习提示

学而不思则罔，思而不学则殆。世界上最可怕的事情，莫过于有眼睛却发现不了美，有耳朵却不会欣赏音乐，有心灵却无法理解什么是真。本文是胡适先生 1929 年在中国公学 18 级毕业典礼上的演讲。面对即将离开校园的毕业生，胡适用深情又睿智的话语谆谆嘱托：不要抛弃学问。全文思路清晰，行文流畅，层次分明，即：提出赠言→论说学问的重要性→指出怎样做学问→表达希望与祝愿。它语言精练、生动、形象，饱含感情，富有时代感，即使今天看来，仍能带给我们深深的启迪。

原文导读

诸位毕业同学：

你们现在要离开母校了，我没有什么礼物送给你们，只好送你们一句话罢。

这一句话是："不要抛弃学问。"以前的功课也许有一大部分是为了这张毕业文凭不得已而做的。从今以后，你们可以依自己的心愿去自由研究了。趁现在年富力强的时候，努力做一种专门学问。少年是一去不复返的，等到精力衰退时，要做学问也来不及了。即为吃饭计，学问绝不会辜负人的。吃饭而不求学问，三年五年之后，你们都要被后进少年淘汰掉的。到那时再想做点学问来补救，恐怕已太晚了。

有人说："出去做事之后，生活问题亟须解决，哪有工夫去读书？即使要做学问，既没有图书馆，又没有实验室，哪能做学问？"

我要对你们说，凡是要等到有了图书馆方才读书的，有了图书馆也不肯读书；凡是要等到有了实验室方才做研究的，有了实验室也不肯做研究。你有了决心要研究一个问题，自然会撙[①]衣节食去买书，自然会想出法子来设置仪器。至于时间，更不成问题。达尔文[②]一生多病，不能多做工，每天只能做一点钟的工作。你们看他的成绩！每天花一点钟看十页有用的书，每年可看三千六百多页书，三十年读约十一万页书。

诸位，十万页书可以使你成为一个学者了。可是，每天看三种小报也得费你一点钟的工夫；四圈麻将也得费你一点半钟的光阴。看小报呢，还是打麻将呢，还是努力做一个学者呢？全靠你们自己的选择！

易卜生[③]说："你的最大责任是把你这块材料铸造成器。"

学问便是铸器的工具。抛弃了学问便是毁了你自己。

再会了！你们的母校眼睁睁地要看你们十年之后成什么器。

【注释】

① 撙（zǔn）：节省。

② 达尔文：（1809—1882）英国博物学家，进化论奠基人，著有《物种起源》。

③ 易卜生：（1828—1906）生于挪威，是一位影响深远的挪威剧作家，被认为是现代现实主义戏剧的创始人。

知识链接

本文选自《向着太阳歌唱》（徐传德主编，商务印书馆，2003 年版），是胡适于 1928～1930 年在上海任中国公学校长时为 18 级毕业生所作赠言。

胡适（1891—1962），原名胡洪，字适之，安徽绩溪人，学者。1910 年留学美国，入康乃尔大学，后转入哥伦比亚大学，从学于杜威，深受其实验主义哲学的影响。1917 年年初在《新青年》上发表了《文学改良刍议》。1917 年获哲学博士学位，同年回国，任北京大学教授。参加编辑《新青年》，并发表论文《历史的文学观念论》、《建设的文学革命论》，出版新诗集《尝试集》，成为新文化运动中很有影响的人物。1919 年发表《多研究些问题，少谈些主义》，主张改良主义。1920 年离开《新青年》，后创办《努力周报》。1923 年与徐志摩等组织新月社。1924 年与陈西滢、王世杰等创办《现代评论》周刊。1932 年与蒋廷、丁文江创办《独立评论》。1938 年任国民政府驻美国大使。1946 年任北京大学校长。1948 年离开北平，后转赴美国。1958 年任台湾“中央研究院”院长。

胡适一生的学术活动主要在史学、文学和哲学几个方面，主要著作有《中国哲学史大纲》（上）、《尝试集》、《白话文学史》（上）和《胡适文存》（四集）等。他在学术上影响最大的是提倡“大胆地假设、小心地求证”的治学方法。晚年潜心于《水经注》的考证，但未及写出定稿，就于 1962 年在台北病逝了。

字词过关

1．给下列加点字注音

撙衣缩食（　　）　　　　铸造（　　）

淘汰（　　）（　　）

2．解释下列词语

年富力强　　一去不复返

任务实施

任务设计：小品——阳光总在风雨后

任务目标：

1．通过此次表演，让学生正视学习的重要性。

2．培养学生积极向上的学习心态和乐观主义精神，让学生懂得“学习”的真谛。

实施步骤：

1．分组。分成 4 组，每组一名导演，3～5 名演员。

2．表演。每组自行准备有关通过勤奋学习克服各种困难最终获得成功的故事剧本，按剧本要求出演小品。

3．针对小品发言，学生谈谈自己对待学习的看法，讲述古今中外成功者刻苦学习的故事。

4．教师总结：学而不思则罔，思而不学则殆；趁现在年富力强的时候，努力学习；要创造条件学习，要抓紧时间坚持学习；要有终身学习意识。

哲思驿站

昨日歌

昨日兮昨日，昨日何其少！昨日过去了，今日徒烦恼。世人但知悔昨日，不觉今日又过了。水去日日流，花落日日少，成事立业在今日，莫待明朝悔今朝。

今日歌

今日复今日，今日何其少！人生百年几今日，今日不为真可惜！若言姑待明朝至，明朝又有明朝事。为君聊赋《今日诗》，努力请从今日始。

明日歌

明日复明日，明日何其多，我生待明日，万事成蹉跎。世人若被明日累，春去秋来老将至。朝看水东流，暮看日西坠。百年明日能几何，请君听我明日歌。

——（明）文嘉

八　青年人在选择职业时的考虑

（德）卡尔·马克思

学习提示

选择怎样的职业，按照怎样的价值观、职业观去选择职业，这是每一个青年学子未来都回避不了的问题。读一读马克思在高中毕业时写的这篇文章，相信你会有很多感触和体会。

阅读时你会发现，马克思在提出认真考虑择业是青年人的首要论题后，先剖析了人们在选择职业时的种种欠认真考虑的表现及其产生的后果，然后指出应选择具有尊严的职业、建立在正确思想基础上的为人类福利而劳动并使人走向高尚的职业，同时剖析其原因，最后论述了选择职业时应遵循的主要原则是人类的幸福和我们自身的完美，说明为人类谋幸福的职业是最高尚的，为人类的幸福而劳动的人才能达到高尚完美的境界。

阅读时，可以抓住关键词语，即“考虑”一词，看看作者从人们“没有认真考虑”方面讲了哪些情况，从“认真考虑”方面讲了哪些内容，从而把握全文的写作思路，在此基础上领会全文的主旨。

本文许多语句饱含哲理，精警感人，富有启迪；字里行间洋溢着蓬勃向上的朝气，催人奋发。十七岁的马克思对未来职业已在深沉思考，同样十七岁的你，是否也应将择业与责任一并考虑呢？

原文导读

自然本身给动物规定了它应该遵循的活动范围，动物也就安分地在内活动，而不试图越出这个范围，甚至不考虑有其他范围的存在。神也给人指定了共同的目标——使人类和他自己趋于高尚。但是，神要人自己去寻找可以达到这个目标的手段；神让人在社会上选择一个最适合于他、最能使他和社会变得高尚的地位。

这种选择是人比其他创造物远为优越的地方，但同时也可能是毁灭人的一生，破坏他的一切计划并使他陷于不幸的行为。因此，认真地权衡这种选择，无疑是开始走上生活道路而又不愿在最重要的事情上听天由命的青年的首要责任。

每个人眼前都有一个目标，这个目标至少在他本人看来是伟大的，而且如果最深刻的信念，即内心深处的声音，认为这个目标是伟大的，那它实际上也是伟大的，因为神决不会使世人完全没有引导者；神轻声地但坚定地作启示。

但是，这声音很容易被淹没；我们认为是热情的东西可能倏忽[①]而生，同样可能倏忽而逝。也许，我们的幻想蓦然[②]迸发，我们的感情激动起来，我们的眼前浮想联翩，我们狂热地追求我们以为是神本身给我们指出的目标；但是，我们梦寐以求的东西很快就使我们厌恶，于是，我们便感到自己的整个存在遭到了毁灭。

因此，我们应当认真考虑：我们对所选择的职业是不是真的怀有热情？发自我们内心的声音是不是同意选择这种职业？我们的热情是不是一种迷误？我们认为是神的召唤的东西是不是一种自我欺骗？不过，如果不对热情的来源本身加以探究，我们又怎么能认清这一切呢？

伟大的东西是闪光的，闪光会激发虚荣心，虚荣心容易使人产生热情或者一种我们觉得是热情的东西；但是，被名利迷住了心窍的人，理性是无法加以约束的，于是他一头栽进那不可抗拒的欲念召唤他去的地方；他的职业已经不再是由他自己选择，而是由偶然机会和假象去决定了。

我们的使命绝不是求得一个最足以炫耀的职业，因为它不是那种可能由我们长期从事，但始终不会使我们感到厌倦、始终不会使我们劲头低落、始终不会使我们的热情冷却的职业，相反，我们很快就会觉得，我们的愿望没有得到满足，我们的理想没有实现，我们就将怨天尤人。

但是，不仅虚荣心能够引起对某种职业的突然的热情，而且我们也许会用自己的幻想把这种职业美化，把它美化成生活所能提供的至高无上的东西。我们没有仔细分析它，没有衡量它的全部分量，即它加在我们肩上的重大责任；我们只是从远处观察它，而从远处观察是靠不住的。

在这里，我们自己的理性不能给我们充当顾问，因为当它被感情所欺骗，受幻想所蒙蔽时，它既不依靠经验，也不依靠更深入的观察。然而，我们的目光应该投向谁呢？当我们丧失理性的时候，谁来支持我们呢？

是我们的父母，他们走过了漫长的生活道路，饱尝了人世的辛酸。——我们的心这样提醒我们。

如果我们经过冷静的研究，认清了所选择的职业的全部分量，了解它的困难以后，仍然对它充满热情，仍然爱它，觉得自己适合于它，那时我们就可以选择它，那时我们既不会受热情的欺骗，也不会仓促从事。

但是，我们并不总是能够选择我们自认为适合的职业；我们在社会上的关系，还在我们有能力决定它们以前就已经在某种程度上开始确立了。

我们的体质常常威胁我们，可是任何人也不敢藐视它的权利。

诚然，我们能够超越体质的限制，但这么一来，我们也就垮得更快；在这种情况下，我们就是冒险把大厦建筑在残破的废墟上，我们的一生也就变成一场精神原则和肉体原则之间的不幸的斗争。但是，一个不能克服自身相互斗争因素的人，又怎能抗御生活的猛烈冲击，怎能安静地从事活动呢？然而，只有从安静中才能产生出伟大壮丽的事业，安静是唯一能生长出成熟果实的土壤。

尽管我们由于体质不适合我们的职业，不能持久地工作，而且很少能够愉快地工作，但是，为了恪[3]尽职守而牺牲自己幸福的思想激励着我们不顾体弱去努力工作。如果我们选择了力不胜任的职业，那么我们绝不能把它做好，我们很快就会自愧无能，就会感到自己是无用的人，是不能完成自己使命的社会成员。由此产生的最自然的结果就是自卑。还有比这更痛苦的感情吗？还有比这更难于靠外界的各种赐予来补偿的感情吗？自卑是一条毒蛇，它无尽无休地搅扰、啃啮[4]我们的胸膛，吮吸我们心中滋润生命的血液，注入厌世和绝望的毒液。

如果我们错误地估计了自己的能力，以为能够胜任经过较为仔细的考虑而选定的职业，那么这种错误将使我们受到惩罚。即使不受到外界指责，我们也会感到比外界指责更为可怕的痛苦。

如果我们把这一切都考虑过了，如果我们的生活条件容许我们选择任何一种职业，那么我们就可以选择一种使我们获得最高尊严的职业，一种建立在我们深信其正确的思想上的职业，一种能给我们提供最广阔的场所来为人类工作，并使我们自己不断接近共同目标即臻于完美境界的职业，而对于这个共同目标来说，任何职业只不过是一种手段。

尊严是最能使人高尚、使他的活动和他的一切努力具有更加崇高品质的东西，是使他无可非议、受到众人钦佩并高出于众人之上的东西。

但是，能给人以尊严的只有这样的职业，在从事这种职业时我们不是作为奴隶般的工具，而是在自己的领域内独立地进行创造；这种职业不需要有不体面的行动（哪怕只是表面上不体面的行动），甚至最优秀的人物也会怀着崇高的自豪感去从事它。最合乎这些要求的职业，并不总是最高贵的职业，但往往是最可取的职业。

但是，正如有失尊严的职业会贬低我们一样，那种建立在我们后来认为是错误的思想上的职业也一定会成为我们的沉重负担。

这里，我们除了自我欺骗，别无解救办法，而让人自我欺骗的解救办法是多么令人失望啊！

那些主要不是干预生活本身，而是从事抽象真理的研究的职业，对于还没有确立坚定的原则和牢固的、不可动摇的信念的青年是最危险的。当然，如果这些职业在我们心里深深地扎下了根，如果我们能够为它们的主导思想而牺牲生命、竭尽全力，这些职业看来还是最高尚的。

这些职业能够使具有合适才干的人幸福，但是也会使那些不经考虑、凭一时冲动而贸然从事的人毁灭。

相反，重视作为我们职业的基础的思想，会使我们在社会上占有较高的地位，提高我们自己的尊严，使我们的行为不可动摇。

一个选择了自己所珍视的职业的人，一想到他可能不称职时就会战战兢兢——这种人单是因为他在社会上所处的地位是高尚的，他也就会使自己的行为保持高尚。

在选择职业时，我们应该遵循的主要指针是人类的幸福和我们自身的完美。不应认为，这两种利益会彼此敌对、互相冲突，一种利益必定消灭另一种利益；相反，人的本性是这样的：人只有为同时代人的完美、为他们的幸福而工作，自己才能达到完美。如果一个人只为自己劳动，他也许能够成为著名的学者、伟大的哲人、卓越的诗人，然而他永远不能成为完美的、真正伟大的人物。

历史把那些为共同目标工作因而自己变得高尚的人称为最伟大的人物；经验赞美那些为大多数人带来幸福的人是最幸福的人；宗教本身也教诲我们，人人敬仰的典范，就曾为人类而牺牲自己——有谁敢否定这类教诲呢？

如果我们选择了最能为人类而工作的职业，那么，重担就不能把我们压倒，因为这是为大家作出的牺牲；那时我们所享受的就不是可怜的、有限的、自私的乐趣，我们的幸福将属于千百万人。我们的事业将悄然无声地存在下去，但是它会永远发挥作用，而面对我们的骨灰，高尚的人们将洒下热泪。

【注释】

① 倏忽（shū hū）：很快地，忽然。

② 漠然（mò rán）：不经心地，突然。

③ 恪（kè）：谨慎而恭敬。

④ 啃啮（niè）：用牙齿咬，比喻折磨。

知识链接

卡尔·马克思（1818—1883），德国人，人类历史上伟大的革命家、思想家、政治家，全世界无产阶级和被剥削被压迫群众的伟大导师，科学共产主义的奠基人。

1818 年 5 月 5 日，马克思诞生于普鲁士莱茵省特利尔城的一个律师家庭，曾先后进波恩大学和柏林大学攻读，获哲学博士学位，后投身于政治斗争，为无产阶级和全人类的解放事业奔走呼号，不断遭到反动政府的迫害，1847 年和恩格斯一起为共产主义者同盟起草纲领《共产党宣言》，完整、系统而严密地阐述了他们的学说，深刻论述了无产阶级革命和无产阶级专政的重要思想，成为世界各国无产阶级的指南。19 世纪五六十年代，马克思一面组织和领导欧洲各国无产阶级的革命斗争，于 1864 在伦敦创立了国际工人协会（即第一国际）；一面进行大量写作和研究，完成了马克思主义经济理论体系，于 1867 年发表《资本论》第一卷。1871 年巴黎公社革命期间，受第一国际总委员会委托，撰写了《法兰西内战》，深刻地总结了公社起义失败的经验教训，发展了无产阶级革命和无产阶级专政的理论。1883 年 3 月 14 日病逝于伦敦。其著作收入《马克思恩格斯全集》。

字词过关

1. 给下列加点的字注音

恪（　　）	寐（　　）
兢（　　）	吮（　　）
倏（　　）	蓦（　　）
翩（　　）	竭（　　）

2. 解释下列词语

恪尽职守	梦寐以求	战战兢兢
吮吸	倏忽	蓦然

任务实施

听：马克思对于“怎样选择职业”和“选择什么职业”这两个问题分别提出了哪些原则？他在中学毕业时，对自己在未来从事什么职业有明确的选择吗？

说：请说说马克思认为什么样的职业才是有尊严的。

读：分段朗读课文，理解课文含义。

写：依据课文提供的“原则”填写一份表格式的“我的择业自白”，并在班内交流。

哲思驿站

马克思名言

1. 不学无术，在任何时候，对任何人，都无所帮助，也不会带来利益。

2. 在选择职业时，我们应该遵循的主要方针是人类的幸福和我们自身的完美。

3. 真诚的、十分理智的友谊是人生的无价之宝。你能否对你的朋友守信不渝，永远做一个无愧于他的人，这就是你的灵魂、性格、心理以至于道德的最好的考验。

4. 一个人应该：活泼而守纪律，天真而不幼稚，勇敢而不鲁莽，倔强而有原则，热情而不冲动，乐观而不盲目。

九 我有一个梦想

（美）马丁·路德·金

阅读提示

1963 年 8 月 23 日，马丁·路德·金组织了美国历史上影响深远的“自由进军”运动。他率领一支庞大的游行队伍向首都华盛顿进军，为全美国的黑人争取人权。他在林肯纪念堂前向 25 万人发表了著名的演说《我有一个梦想》，为反对种族歧视、争取平等发出呼号。

学习时注意品味本文运用比喻和排比等修辞手法的表达效果，体会本文感情真挚、结构严谨、文辞优美、气势恢弘的写作特点，理解马丁·路德·金在文中所表述的和平斗争主张，感受作者争取种族平等的热切情怀和伟大的献身精神。

原文导读

今天，我高兴地同大家一起参加这次将成为我国历史上为争取自由而举行的最伟大的示威集会。

100年前，一位伟大的美国人签署了《解放黑奴宣言》，今天我们就是在他的雕像前集会。这一庄严宣言犹如灯塔的光芒，给千百万在那摧残生命的不义之火中受煎熬的黑奴带来了希望。它的到来犹如欢乐的黎明，结束了束缚黑人的漫漫长夜。

然而100年后的今天，我们必须正视黑人还没有得到自由这一悲惨的事实。100年后的今天，在种族隔离的镣铐和种族歧视的枷锁下，黑人的生活备受压榨。100年后的今天，黑人仍生活在物质充裕的海洋中一个穷困的孤岛上。100年后的今天，黑人仍然蜷缩在美国社会的角落里，并且意识到自己是故土家园中的流亡者。今天我们在这里集会，就是要把这种骇人听闻的情况公之于世。

就某种意义而言，今天我们是为了要求兑现诺言而汇集到我们国家的首都来的。我们共和国的缔造者草拟宪法和独立宣言的气壮山河的词句时，曾向每一个美国人许下了诺言，他们承诺给予所有的人——不论白人还是黑人——都享有不可让渡的生存权、自由权和追求幸福权。

就有色公民而论，美国显然没有实践她的诺言。美国没有履行这项神圣的义务，只是给黑人开了一张空头支票，支票上盖着“资金不足”的戳子后便退了回来。但是我们不相信正义的银行已经破产，我们不相信，在这个国家巨大的机会之库里已经没有足够的储备。因此今天我们要求将支票兑现——这张支票将给我们宝贵的自由和正义的保障。

我们来到这个圣地也是为了提醒美国，现在是非常急迫的时刻。现在绝非侈谈冷静下来或服用渐进主义镇静剂的时候。现在是实现民主诺言的时候，现在是从种族隔离的荒凉阴暗的深谷攀登种族平等的光明大道的时候，现在是向上帝所有的儿女开放机会之门的时候，现在是把我们的国家从种族不平等的流沙中拯救出来，置于兄弟情谊的磐石上的时候。

如果美国忽视时间的迫切性和低估黑人的决心，那么，这对美国来说，将是致命伤。自由和平等的爽朗秋天如不到来，黑人义愤填膺的酷暑就不会过去。1963年并不意味着斗争的结束，而是开始。有人希望，黑人只要撒撒气就会满足；如果国家安之若素，毫无反应，这些人必会大失所望的。黑人得不到公民的基本权利，美国就不可能有安宁或平静，正义的光明的一天不到来，叛乱的旋风就将继续动摇这个国家的基础。

但是对于等候在正义之宫门口的心急如焚的人们，有些话我是必须说的。在争取合法地位的过程中，我们不要采取错误的做法。我们不要为了满足对自由的渴望而抱着敌对和仇恨之杯痛饮。我们斗争时必须永远举止得体，纪律严明。我们不能容许我们的具有崭新内容的抗议蜕变为暴力行动。我们要不断地升华到以精神力量对付物质力量的崇高境界中去。

现在黑人社会充满着了不起的新的战斗精神，但是我们却不能因此而不信任所有的白人。因为我们的许多白人兄弟已经认识到，他们的命运与我们的命运是紧密相连的，他们今天参加游行集会就是明证。他们的自由与我们的自由是息息相关的。我们不能单独行动。

当我们行动时，我们必须保证向前进。我们不能倒退。现在有人问热心民权运动的人："你们什么时候才能满足？"

只要黑人仍然遭受警察难以形容的野蛮迫害，我们就绝不会满足。

只要我们在外奔波而疲乏的身躯不能在公路旁的汽车旅馆和城里的旅馆找到住宿之所，我们就绝不会满足。

只要黑人的基本活动范围只是从少数民族聚居的小贫民区转移到大贫民区，我们就绝不会满足。

只要我们的孩子被"仅限白人"的标语剥夺自我和尊严，我们就绝不会满足。

只要密西西比州仍然有一个黑人不能参加选举，只要纽约有一个黑人认为他投票无济于事，我们就绝不会满足。

不！我们现在并不满足，我们将来也不满足，除非正义和公正犹如江海的波涛，汹涌澎湃，滚滚而来。

我并非没有注意到，参加今天集会的人中，有些受尽苦难和折磨，有些刚刚走出窄小的牢房，有些由于寻求自由，曾在居住地惨遭疯狂迫害的打击，并在警察暴行的旋风中摇摇欲坠。你们是人为痛苦的长期受难者。坚持下去吧，要坚决相信，忍受不应得的痛苦是一种赎罪。

让我们回到密西西比州去，回到亚拉巴马州去，回到南卡罗来纳州去，回到佐治亚州去，回到路易斯安那州去，回到我们北方城市中的贫民区和少数民族居住区去，要心中有数，这种状况是能够也必将改变的。我们不要陷入绝望而不可自拔。

朋友们，今天我对你们说，在此时此刻，我们虽然遭受种种困难和挫折，我仍然有一个梦想，这个梦想深深扎根于美国的梦想之中。

我梦想有一天，这个国家会站立起来，真正实现其信条的真谛："我们认为这些真理是不言而喻的：人人生而平等。"

我梦想有一天，在佐治亚的红山上，昔日奴隶的儿子将能够和昔日奴隶主的儿子坐在一起，共叙兄弟情谊。

我梦想有一天，甚至连密西西比州这个正义匿迹，压迫成风，如同沙漠般的地方，也将变成自由和正义的绿洲。

我梦想有一天，我的四个孩子将在一个不是以他们的肤色，而是以他们的品格优劣来评价他们的国度里生活。

今天，我有一个梦想。

我梦想有一天，亚拉巴马州能够有所转变，尽管该州州长现在仍然满口异议，反对联邦法令，但有朝一日，那里的黑人男孩和女孩将能与白人男孩和女孩情同骨肉，携手并进。

我今天有一个梦想。

我梦想有一天，幽谷上升，高山下降，坎坷曲折之路成坦途，圣光披露，满照人间。

这就是我们的希望。我怀着这种信念回到南方。有了这个信念，我们将能从绝望之岭劈出一块希望之石。有了这个信念，我们将能把这个国家刺耳的争吵声，改变成为一支洋溢手足之情的优美交响曲。

有了这个信念，我们将能一起工作，一起祈祷，一起斗争，一起坐牢，一起维护自由；因为我们知道，终有一天，我们是会自由的。

在自由到来的那一天，上帝的所有儿女们将以新的含义高唱这支歌："我的祖国，美丽的自由之乡，我为您歌唱。您是父辈逝去的地方，您是最初移民的骄傲，让自由之声响彻每个山岗。"

如果美国要成为一个伟大的国家，这个梦想必须实现！

让自由之声从新罕布什尔州的巍峨峰巅响起来！让自由之声从纽约州的崇山峻岭响起来！让自由之声从宾夕法尼亚州阿勒格尼山的顶峰响起来！

让自由之声从科罗拉多州冰雪覆盖的落基山响起来！让自由之声从加利福尼亚州蜿蜒的群峰响起来！不仅如此，还要让自由之声从佐治亚州的石岭响起来！让自由之声从田纳西州的瞭望山响起来！

让自由之声从密西西比的每一座丘陵响起来！让自由之声从每一片山坡响起来。

当我们让自由之声响起来，让自由之声从每一个大小村庄、每一个州和每一个城市响起来时，我们将能够加速这一天的到来，那时，上帝的所有儿女，黑人和白人，犹太教徒和非犹太教徒，耶稣教徒和天主教徒，都将手携手，合唱一首古老的黑人灵歌："自由啦！自由啦！感谢全能的上帝，我们终于自由啦！"

知识链接

1．本文是马丁·路德·金的一篇演讲稿，1963 年 8 月 28 日，为了争取民权，25 万黑人在华盛顿林肯纪念堂前举行盛大的集会，马丁·路德·金在会上发表了这篇著名的演说。

2．马丁·路德·金（1929 年 1 月 15 日—1968 年 4 月 4 日），著名的美国民权运动领袖。1948 年大学毕业。1948 年到 1951 年期间，在美国东海岸的费城继续深造。1963 年，马丁·路德·金晋见了肯尼迪总统，要求通过新的民权法，给黑人以平等的权利。1963 年 8 月 28 日在林肯纪念堂前发表《我有一个梦想》的演说。1964 年度诺贝尔和平奖获得者。1968 年 4 月，马丁·路德·金前往孟菲斯市领导工人罢工被人刺杀，时年 39 岁。1986 年起美国政府将每年 1 月的第三个星期一定为马丁·路德·金全国纪念日。

字词过关

1．给下列加点字注音

束缚（　　）　　缔造（　　）

给予（　　）（　　）　　侈谈（　　）

磐石（　　）　　蜕变（　　）

赎罪（　　）　　真谛（　　）

匿迹（　　）

2．解释下列词语

骇人听闻　不可让渡　义愤填膺　安之若素

心急如焚　举止得体　无济于事

任务实施

任务设计：演讲比赛——中国梦，我的梦

任务目标：

1．提高学生自我表达及演讲水平，进而提升自身素质。

2．引导学生树立梦想，立志报效国家。

实施步骤：

1．学生以“中国梦，我的梦”为主题拟写演讲稿，规定时间为 4 分钟之内。

2．根据报名情况给选手编号，决定比赛顺序。

3．选手依次上台进行演讲，参赛选手必须用普通话脱稿演讲。

4．参赛选手仪表大方，着装整齐，发音清晰，声音富有表现力，可设计和增加部分动作，达到一定的表演效果。

5．主持人宣布演讲比赛最后结果。

哲思驿站

1．我有一个梦，梦想这国家要高举并履行其信条的真正涵义：“我们信守这些不言自明的真理：人人生而平等”。

——（美）马丁·路德·金

2．人的一生应当这样度过：当他回忆往事的时候，不因虚度年华而悔恨，不因碌碌无为而羞愧；在他临死的时候，他能够说：“我的整个生命和全部精力，都已经献给世界上最壮丽的事业——为人类的解放而斗争。”

——（前苏联）奥斯特洛夫斯基

3．人类因梦想而伟大，人生因拼搏而精彩。

——白国伟

4．人类的幸福和欢乐在于奋斗，而最有价值的是为理想而奋斗。

——（俄）列夫·托尔斯泰

十 我的早年生活

（英）温斯顿·丘吉尔

学习提示

一个人之所以成功绝不是靠上天的恩赐，成功的原因来自于方方面面，但是早年生活中的兴趣和选择以及为此付出的努力是其中重要的因素。这篇文章是丘吉尔根据自己的记忆写作而成，讲述了他早年生活中对他的未来有重要影响的一些经历。丘吉尔早年原本是一名考试屡屡失败者、差班中的差等生，处于一个并不如意的学习环境里；但是他没有妄自菲薄，没有随波逐流，也没有放弃自己的兴趣和爱好，从中确立了生活志向并甘愿为之付诸努力，从而让人发现他的优点和长处，并终于获得了迈向成功的机会。文章传递出这样的信息：人的能力是多方面的，在看到自己短处的同时，努力发展自己的优势，最终一定会取得成功。

文中描绘的是一个已经逝去的年代，是丘吉尔早年生活中的一些重要经历。丘吉尔的早年生活对于他后来所取得的成就有什么样的影响呢？哪些因素让丘吉尔改变生活志向并得以实现的呢？

原文品读

“每个人都是昆虫，但我确信，我是一个萤火虫。”

刚满十二岁，我就步入了“考试”这块冷漠的领地。主考官们最心爱的科目，几乎毫无例外地都是我最不喜欢的。我喜爱历史、诗歌和写作，而主考官们却偏爱拉丁文和数学，而且他们的意愿总是占上风。不仅如此，我乐意别人问我所知道的东西，可他们却总是问我不知道的。我本来愿意显露一下自己的学识，而他们则千方百计地揭露我的无知。这样一来，只能出现一种结果：场场考试，场场失败。

我进入哈罗公学的入学考试是极其严格的。校长威尔登博士对我的拉丁文作文宽宏大量，证明他独具慧眼，能判断我全面的能力。这非常难得，因为拉丁文试卷上的问题我一个也答不上来。我在试卷上首先写上自己的名字，再写上试题的编号“1”，经过再三考虑，又在“1”的外面加上一个括号，因而成了“(1)”。但这以后，我就什么也不会了。我干瞪眼没办法，在这种惨境中整整熬了两个小时，最后仁慈的监考老师总算收去了我的考卷。正是从这些表明我的学识水平的蛛丝马迹中，威尔登博士断定我有资格进哈罗公学上学。这说明，他能通过现象看到事物的本质。他是一个不以卷面分数取人的人，直到现在我还非常尊敬他。

结果，我当即被编到低年级最差的一个班里。实际上，我的名次居全校倒数第三。而最令人遗憾的是，最后两位同学没上几天学，就由于疾病或其他原因而相继退学了。

在这种尴尬的处境中，我继续待了近一年。正是由于长期在差班待着，我获得了比那些聪明的学生更多的优势。他们全都继续学习拉丁语、希腊语以及诸如此类的辉煌的学科，我则被看做是个只会学英语的笨学生。我只管把一般英语句子的基本结构牢记在心——这是光荣的事情。几年以后，当我的那些因创作优美的拉丁文诗歌和辛辣的希腊讽刺诗而获奖成名的同学，不得不靠普通的英语来谋生或者开拓事业的时候，我一点也不觉得自己比他们差。自然我倾向让孩子们学习英语。我会首先让他们都学英语，然后再让聪明些的孩子们学习拉丁语作为一种荣耀，学习希腊语作为一种享受。但只有一件事我会强迫他们去做，那就是不能不懂英语。

我一方面在最低年级停滞不前，而另一方面却能一字不漏地背诵麦考利的一千二百行史诗，并获得了全校的优胜奖。这着实让人觉得自相矛盾。我在几乎是全校最后一名的同时，却又成功地通过了军队的征兵考试。就我在学校的名次来看，这次考试的结果出人意料，因为许多名次在我前面的人都失败了。我也是碰巧遇到了好运——在考试中，将要凭记忆绘一张某个国家的地图。在考试的前一天晚上，我将地球仪上所有国家的名字都写在纸条上放进帽子里，然后从中抽出了写有“新西兰”国名的纸条。接着我就大用其功，将这个国家的地理状况记得滚瓜烂熟。孰料，第二天考试中的第一道题就是：“绘出新西兰地图”。

我开始了军旅生涯。这个选择完全是由于我收集玩具锡兵的结果。我有近 1500 个锡兵，组织得像一个步兵师，还下辖一个骑兵旅。我弟弟杰克统领的则是“敌军”。但是我们制定了条约，不许他发展炮兵。这非常重要！

一天，父亲亲自对“部队”进行了正式的视察。所有的“部队”都整装待发。父亲敏锐的目光具有强大的威慑力。他花了 20 分钟的时间来研究“部队”的阵容。最后他问我想不想当个军人。我想统领一支部队一定很光彩，所以我马上回答：“想。”现在，我的话被当真了。多年来，我一直以为父亲发现了我具有天才军事家的素质。但是，后来我才知道，他当时只是断定我不具备当律师的聪慧。他自己也只是最近才升到下议院议长和财政大臣的职位，而且一直处在政治的前沿。不管怎样，小锡兵改变了我的生活志向，从那时起，我的希望就是考入桑赫斯特皇家军事学院。再后来，就是学军事专业的各项技能。至于别的事情，那只有靠自己去探索、实践和学习了。

知识链接

1．本文选自《课外语文》（辽宁人民出版社，2000 年 8 月版），吴植林译。

2．温斯顿·丘吉尔（1874 年 11 月 30 日—1965 年 1 月 24 日），政治家、画家、演说家、作家以及记者，1953 年诺贝尔文学奖得主，曾两度担任英国首相，被认为是 20 世纪最重要的政治领袖之一，带领英国获得第二次世界大战的胜利。据传为历史上掌握英语单词词汇量最多的人之一。被美国杂志《展示》列为近百年来世界最有说服力的八大演说家之一。2002 年，BBC 举行了一个名为“最伟大的 100 名英国人”的调查，结果丘吉尔获选为有史以来最伟大的英国人。著有《第二次世界大战回忆录》（六卷）、《英国民族史》（四卷）等。

3．麦考利（1800-1859），英国历史学家、作家。

字词过关

1. 给下列加点字注音

揭露（　　）　　尴尬（　　）（　　）

辛辣（　　）　　着实（　　）

滚瓜烂熟（　　）

2. 解释下列词语

例外　宽宏大量　独具慧眼　蛛丝马迹　生涯　整装待发

任务实施

听：主考官、威尔登博士、父亲三人在对待作者的做法上有什么不同？

说：根据课文的内容，结合自己的实际，说说是什么引领人们走向成功，怎么样能让自己变得更优秀。

读：大声朗读第一段，说说运用了什么修辞手法以及在全文中的作用。

写：1. 用楷书书写文章中最后一个自然段。

2. 仿写《我的早年生活》，篇幅不限。

哲思驿站

1. 成功不要紧，失败不致命。继续前行的勇气，才最可贵。

悲观主义者在每个机会里看到困难。乐观主义者在每个困难里看到机会。

勇气是能站起来侃侃而谈。勇气也是能坐下来静静倾听。

命运不靠机缘，而是靠你的抉择。命运不是等来的，而是争来的。

——（英）丘吉尔

2. 但是难道败局已定，胜利已经无望？不，不能这样说！——（法）戴高乐

3. 我成功是因为我有决心，从不踌躇。——（法）拿破仑

4. 实力永远意味着责任和危险。——（美）罗斯福

拓展阅读

十一　职业

（印度）泰戈尔

学习提示

课文借儿童的视角，阐释了对于职业的理解：小贩、园丁和更夫，这些看似平庸的职业，在孩童的眼中，却意味着简单、纯真、快乐和自由的生活。这些职业同样能成就一种诗意的生活方式。

课文语言清丽质朴，没有过多的修饰。你如何理解课文中的“职业选择”呢？选择平凡职业和树立远大理想是否矛盾呢？阅读时注意思考。

原文导读

这孩子的理想一点也不远大，他只想做小贩、园丁和更夫，似乎很没有志气，很平庸，长大了这样活着似乎很没有价值。真是这样吗？职业对于一个人到底意味着什么呢？

早晨，钟敲十下的时候，我沿着我们的小巷到学校去。

每天我都遇见那个小贩，他叫道："镯子呀，亮晶晶的镯子！"

他没有什么事情急着要做，他没有哪条街道一定要走，他没有什么地方一定要去，他没有什么规定的时间一定要回家。

我愿意我是一个小贩，在街上过日子，叫着："镯子呀，亮晶晶的镯子！"

下午四点钟，我从学校里回家。

在一户人家门口，我看见一个园丁在那里掘地。

他用他的锄子，要怎么掘，便怎么掘，他被尘土污了衣裳。如果他被太阳晒黑了或是身上被打湿了，都没有人骂他。

我愿意我是一个园丁，在花园里掘地，谁也不来阻止我。

天色刚黑，妈妈就送我上床。

从开着的窗口，我看见更夫走来走去。

小巷又黑又冷清，路灯立在那里，像一个头上长着一只红眼睛的巨人。

更夫摇着他的提灯，跟他身边的影子一起走着，他一生一次都没有上床歇息过。

我愿意我是一个更夫，整夜在街上走，提了灯去追逐影子。

【注释】

泰戈尔（1861 年 5 月 7 日—1941 年 8 月 7 日），印度诗人、哲学家和印度民族主义者，1913 年获得诺贝尔文学奖，是第一位获得诺贝尔文学奖的亚洲人。对泰戈尔来说，他的诗是他奉献给神的礼物。诗中含有深刻的宗教和哲学的见解。他的诗在印度享有史诗的地位。他创作了印度国歌《人民的意志》。主要作品有《新月集》《飞鸟集》《吉檀迦利》等。

十二 选对池塘钓大鱼

（美）雷恩 • 吉尔森

学习提示

这不是一篇"钓鱼指南"，而是一份职业生涯规划的忠告。规划自己的职业生涯与钓鱼有许多相通之处。譬如，一份合适的职业是个人的理想与现实环境中的一种平衡，"一片水域"等于"一份适合自己的职业"；好的职业必须有好的平台，能够为你提供更大的发展空间，"一口池塘"等于"一家有发展前景的公司"；而选择公司某种意义上就是选择老板，"一位教练"就等于"一个能给自己带来帮助的老板"。课文从一个关于钓鱼的哲理故事入手，阐述了我们在职业规划中应注意的诸多问题。

课文语言生动，简洁易懂，学习时要注意领会课文对职业生涯规划的借鉴意义。课文中有许多蕴含哲理的句子，摘抄下来并作适当点评。

原文品读

一根旧钓竿

世界上到处充斥着失败者，他们不知道自己需要什么，也不知道如何去达到自己的目标。他们在极其盲目的状态下选择一份职业、一个公司、一个跳板，干着与自己的性格、兴趣和天赋完全不相适应的工作，自然无法在事业上取得成就，更不会从中获得快乐。

我也险些成为失败者中的一员，但我是幸运的——我有幸能够遇到杰克，他改变了我的人生。如果不是他和他的"钓鱼课"，我也许同样会遭受职业选择不当带来的痛苦。杰克让我懂得了人生本身就是一种选择——选择职业、选择公司、选择老板：选择生活中的方方面面，如同一个垂钓者，只有选对了池塘才能钓到大鱼。

十年前，和所有刚刚毕业的大学生一样，我面临着一次新的人生选择。幸运的是，我很快找到了一份工作。我几乎是不假思索地接受了第一个愿意接受我的公司，因为，我需要一份工作！这种感觉潜藏于每一个和我一样的年轻人心中——一种长期沉闷于生活中的冲动，尽管我们并不知道那份工作究竟意味着什么。

达成职业意向以后，我如释重负，但是却又没有因轻松而愉悦，相反，有些身心疲惫。我对自己这种恹恹的懒洋洋的精神状态十分不满，甚至开始有些担忧。

为什么会有这种无力感呢，也许，我需要一个假期，一个完全自由放松的假期来调适自己。余下的问题就是如何度过这个漫长的假期了。

纽约家中依然残留着父亲浓郁的气息。车库里破旧的老爷车、屋后花园斑驳的割草机、地下室杂乱堆放的什物，还有挂在客厅墙上的鱼竿。

鱼竿！是的，为什么我不去钓鱼呢？

我对钓鱼并不陌生。小时候父亲常常带着我到附近的湖边去钓鱼，父亲聚精会神地垂钓时，我则会在草地上翻滚，或者四处奔跑捕捉蜻蜓——我似乎永远没有耐心等待鱼儿上钩，因此，对钓鱼的技巧依然一无所知。父亲去世后，我更是与钓鱼绝缘了。

我决定去钓鱼，既可以消磨整个假期，也可能重温与父亲相处的感觉。

第二天早晨，我去附近的渔具商店购买了鱼饵、休息用的毯子、啤酒和地图。池塘离家不远，驱车大约一个小时。小时候和父亲常来这里，多少年后，这里依然美丽如画。绿地起伏不定，如同镶嵌其间的波浪一般，到处都是垂钓者，或聚集，或散落，构成一幅优美的乡村画卷。

"真是一个好去处啊！"我深深吸了一口郊外新鲜的空气，选择了一个阴凉的坡地坐下，开始支鱼竿，挂上鱼饵，然后将鱼线抛到湖面，看着鱼饵沉入水底。大功告成，只等鱼儿上钩了！

盯了一会儿鱼漂，一动也不动，我渐渐丧失了耐心，开始四处张望。此时，整个池塘变得热闹起来，垂钓者们纷纷收线、起鱼，此起彼伏，各种各样的鱼被钓起，但是我仍然一无所获。"为什么没有鱼上钩呢？"我有些愤愤不平起来。原本以为自己能够很平静地面对一无所获，因为一开始我就没有抱多大的希望。但是当看到其他人不断钓上鱼来，我突然发现自己并没有想象的那么冷静和理智。

钓鱼是一项悠闲的活动，但是当自己的心灵被没有钓到鱼的焦虑充满时，已经丧失其初衷了。“他们都是一些钓鱼老手，而我不过是第一次。”我开始承认钓鱼需要技巧了。

钓鱼需要技巧吗?

不需要？！需要？！

我一向以为，钓鱼不过是将诱饵挂在各式各样的鱼钩上，拖向湖面，等鱼自动上钩而已，毫无技巧可言——鱼都很傻。因此，当父亲满载着鱼以及周围人羡慕的眼光归来时，我却从未为他感到骄傲。

现在，我真希望父亲就在我身边。我开始留意周围的垂钓者，于是，杰克进入了我的视野。

杰克，当然一开始我并不知道他就是杰克——那个为人所景仰的伟大的企业家，坐在离我不远的河岸边，不断拉动手中的鱼竿，一条，又是一条……正午时分，钓鱼的人纷纷走进高坡上的一间酒吧。我记得以前这个地方有一片树林，午休时父亲和那些钓友会席地而坐，喝着自己带来的啤酒一起闲聊。

“我叫雷恩·吉尔森，我想坐在这里，希望您不介意。”

“当然不!”他微笑着说，“我是杰克，一起喝一杯？”

杰克！一个熟悉的名字，加上似曾相识的微笑，我突然想起来了。

“杰克……您是杰克……”

“是的，杰克！很奇怪吗？”

当然觉得奇怪，任何像我这样毕业于商学院的年轻人都会感到惊奇，居然在这样偏僻的乡村池塘边碰到一位世界著名企业家、跨国公司的总裁、哈佛大学管理学教授。

“见到您十分荣幸，杰克先生!”我并不想掩饰自己的兴奋。

“我也是!”他举起啤酒杯，轻轻碰了碰我的杯子。

“收获如何？”

我摇摇头，显得有些窘迫。“我读过您的一些著作，我想……”我迟疑了一会儿，但还是觉得不应该放弃这次亲自向一位伟大企业家请教的机会。

“谢谢！但现在我只想谈钓鱼。”他依然微笑着。

我颇为失望。

“可是，我对钓鱼一无所知。”

“那么你为什么会来这里？”

“我来钓鱼不过是为了消遣。”

“你知道自己手中鱼竿的价值吗？”他突然转移话题。

“不知道，这是我父亲留下来的，他是一名钓鱼高手，以前经常在这一带钓鱼。”“拥有一根好鱼竿，却不知道它的价值，也不知道如何去使用它。”

钓鱼哲学

杰克拿起我的鱼竿，仔细端详着，突然问道：“你父亲叫什么名字？”

“海格·吉尔森，不过他已经去世了。”

“对不起……海格·吉尔森……是你父亲？他可是我的钓鱼教练。”

“我父亲……您的钓鱼教练？！”我无法将一个默默无闻的工匠和眼前的世界知名企业家联系起来。

“是的！许多年前也就是在这里，他教我如何钓鱼，而且改变了我许多观点。”停顿了一会儿，杰克接着说，“他是一名真正的钓鱼高手，他的钓鱼哲学影响了我的商业理念。”

“钓鱼哲学？”

“是的，钓鱼哲学！它不仅能教会你如何钓鱼，如何钓到大鱼，而且是一种顿悟和人生思考。你父亲难道没有和你谈起过吗？”

“我从小就对钓鱼没有兴趣。”其实真正不感兴趣的是父亲的唠叨。

“真遗憾，不然我们也许会有更多共同的话题。”

我看不出讨论钓鱼问题对我有什么意义，我不过是一时兴起，想放松放松。虽然遇到了杰克，虽然知道了我父亲居然有这样一个了不起的学生，但这并不意味着什么。酒吧里的人逐渐多起来，大家纷纷和杰克打招呼。其他人的轻松自如，更衬托出我的窘迫来——而我却是为了放松才到这里来的。

“那么，您能告诉我怎样才能钓到鱼吗？”我觉得这个问题有些愚蠢，但我的确找不出更好的话题了。

“你得先告诉我，想钓什么样的鱼？”杰克突然笑起来，“许多年前，我提的问题和你一样，而你父亲就是这样回答我的。”

“这个有关系吗？”

“当然，而且十分重要。”杰克肯定地说。

“但是，我来钓鱼只是想休闲，想放松自己的情绪，所以并不在乎钓到什么鱼……我并不想成为钓鱼专家。”

“难道你认为我是将钓鱼当成我的职业吗？事实上，除了那些钓鱼教练们，这里的每个人都是将钓鱼当成一项娱乐。但是，只有钓到鱼才能给你带来愉悦感，才能有真正的情绪放松。”

我同意杰克所说的，因为上午已经历了一场心理考验——我知道我无法控制自己的欲望。

“这就是你所说的钓鱼哲学？”

“如果你认为是，它就应该是。在钓鱼和人生之间，也许有一条线连通着。”

想钓什么鱼

“也许我们应该从垂钓的乐趣谈起。”杰克摆出一副准备和我长谈的架势，“每个人都在追求最大化，娱乐休闲也不例外。譬如钓鱼，我们在享受阳光、户外清新的空气，我们在体会等待鱼上钩的悠闲自得，我们感受鱼上钩拉线的力量感，我们享受钓到大鱼的成就感，我们分享和家人朋友一起吃鱼的快乐……每个人的感受都不一样，但最重要的是，我们必须找到自己独特的感受。”

“最让您感到快乐的是什么呢？”

“最让我惬意的是鱼上钩收线时的那种紧张感，好像是在与对手竞争时的最后一刻。我能感觉到自己对某种东西的控制力。你呢？”

“我不十分清楚，也许是一种彻底放松的感觉。”

“但是当周围的人都有所收获而自己一无所获时，情绪是无法松弛下来的。放松的方式有很多种，一旦你选择了钓鱼，就必须遵守钓鱼的快乐规则。”他说，“钓鱼的快乐规则：第一，钓鱼；第二，钓到鱼；第三，钓到大鱼。任何事物都有其快乐规则，不要去回避这些规则。”

“让我们回到刚才的问题，告诉我，你想钓什么鱼？”杰克喝了一口啤酒。

“对不起，我根本没有想过这个问题，我喜欢吃虹鳟，但是，爱吃的鱼未必就是想钓的鱼。”

“也许是吧，但是它们在更多情况下是可以一致的，譬如你爱吃虹鳟，可是钓到的却是鲈鱼。也许这条鲈鱼是池塘里最大的鱼，引起了众人的羡慕，但是，钓鱼不是为了赢得他人羡慕。一旦喝彩声消失，我们还得面对现实。如果不了解自己内心的真正需求，即使钓到再多的鱼，都无法获得真正的满足和快乐，至少这种满足依然有些缺憾。”

他沉默了一会儿，又接着说：“如果我们既能赢得他人的喝彩，又能享受美味，不亦乐乎。外在的赞赏或许能短暂激发我们的热情，但是只有内在的需要才能带来持久的快乐。许多年前，我的事业如日中天，当时我在一家大型企业担任副总裁，与同龄人相比已是佼佼者了。我也是踌躇满志来到这里希望能放松自己的情绪，你的父亲就是这样对我说的。我开始重新审视自己的价值观。”

于是，我懂得了：一个人是否天天去钓鱼并不重要，重要的是他知道自己随时都可以去钓鱼，并且能钓到自己想钓的鱼。这是一种人生的掌控能力。能过一种自己内心需要的生活，是获得快乐的最可靠的源泉。

选　择

喝完啤酒，闲聊了一会儿后，钓鱼的人又陆续回到池塘边，开始了下午的垂钓之旅。杰克一边将干蝇挂在鱼钩上，一边对我说：“如果你确定要钓什么鱼，你就准备着做一系列的选择吧。选择的正确与否决定你能否钓到，或者更准确地说能否钓到大鱼。”

他将鱼钩准确而有力地抛向水面，然后坐下来看着说：“钓鱼也许应该靠运气的，不确定性的因素太多了。因为如果我们都做了对的选择，是否成功则要靠天意。但是，钓鱼不是傻瓜游戏，它更像是玩二十一点扑克牌。你对娱乐场所（栖息地）、游戏规则（鱼）和概率（水、食物供应量和天气状况）了解得越多，你赢的机会（钓到大鱼）就越大。

“首先，要挑选一片水域。如果你想钓鲤鱼或者鲫鱼，那么必须在淡水区域，譬如在五大湖，或者在一条不太湍急的小河边。如果你想钓到鲨鱼，也许需要驾着渔船进入深海，享受惊涛骇浪的刺激。

“鱼并非均匀地分布在所有的水域上，同一区域，有人能钓到大鲤鱼，而另一些人钓到的总是小鱼。因此，选择池塘变得十分重要。在这个池塘钓鱼，我是经过反复选择的，而你则是完全盲目的，尽管我们碰巧遇在一起了，但是我们却有区别。这种区别在于我知道自己的选择，而你是随机，也许你能有好机会，但是机会不可能总是惠顾你。真正的成功需要积累和理智的选择。”

鱼又上钩了，又是一条大红尾鲤鱼。

杰克微微一笑，说：“你知道吗？为了选择这个鱼池，我做了长时间的观察和分析，了解水深和藻类的繁殖状况。也许你觉得这不过是一种娱乐，似乎应该更轻松些。但是，如果我们选错了池塘，拿着鱼竿傻傻地坐在池塘边，那还不如坐在花园的长椅上眯着眼睛晒太阳呢！我们也许没必要将钓鱼当成一种体育比赛，但是也不能完全不用心思。这是一种人生态度，一旦你养成了这种态度，你就能从中获得某种乐趣——思考的乐趣。”

“选定了池塘，接下来你应该聘请一个教练。”杰克接着说，“许多人宁愿选择做一个失败者，也不愿意选择依靠他人的帮助和善意，无论是付费还是免费。如果你立即接受你是无知的、而且什么也不懂的事实，如果你闭上自己的嘴巴，那你的钓鱼技术也会迅速提高。

“最后，选择一个位置。与人生层次一样，鱼也有层次之分，当一个地方的鱼钓完了，我们必须不断地调整我们的位置。但并非盲目的，我们必须知道哪些位置会有鱼。鱼是游动的，机会也是在变化的。也许我们选对了一个好区域，并且选对了一个好池塘，但是我们却在一个只有小鱼的浅水区徘徊，我们又怎么能钓到大鱼呢？因此，我们必须不断变化位置来寻找大鱼，并且在其饥饿的时候投下鱼饵，将其钓上来。”

选择是一种力量，我似乎第一次听说。我们每个人的生活都是被动的，因此感觉不到这种力量的存在。一旦我们的人生为自己所把握，我们就能感受到这种力量的存在了。

我钓到鱼了

我努力使自己的思想集中起来专注在钓鱼上，来感受垂钓的乐趣，以不虚此行。这种努力很快就有了效果，有鱼上钩了——虽然它们并不大，但是我感觉到杰克所说的那种力度，正通过鱼线、鱼竿和手臂传递到全身。越靠近河岸，鱼挣扎得越厉害，所传达出的力度就越强。整个过程使我的注意力更加集中，也使我对于自身的力量有了一种更清晰的认识。细细的鱼线竟然能传达如此大的力量，在我和鱼之间展开了一场较量。

我突然领悟了，之前自己乏力，是因为缺乏一根线将自己与梦想串联起来，因此也无法体会到目标在自己掌控下挣扎时的力量。我终于钓到了自己想要的鱼，虽然它并没有自己想象的那么大，但是，我能够体会到一种努力后的成就感。

杰克微笑地望着我，眼神中充满了鼓励。

“也许你可以沿着我们的讨论思考下去，多年前，我就是在你父亲的指导下，去学习钓鱼，学习经营自己的人生。我不过是将你父亲的许多思想传授给你。”

我想自己已经有所醒悟，杰克所讲的不仅仅是钓鱼，而是一个关于选择哲学，一种人生规划的方式，至少对于现在的我来说是如此。

回到家里的当天晚上，我关掉所有的灯，让自己陷入沉沉的黑暗中，我进入了思考，我开始正视自己内心的需要，真正聆听内心的声音。

第二天早晨，我开始重新检视自己所做出的职业选择。我列出自己的兴趣、能力、优势、劣势和机会。

第三天，我去了图书馆，查阅了大量资料，了解我所应聘求职的公司情况。

第四天，我开始重新规划自己的人生……

职业规划

杰克的“钓鱼课”既是一堂人生哲理课，更是一堂职业生涯课。拿“钓鱼”和“职业生涯规划”来做比较，这个比喻太贴切了：

钓　鱼	职业生涯规划
一片水域	一份适合自己的职业
一口池塘	一家有发展前景的公司
一位教练	一个能给自己带来帮助的老板

我的职业生涯设计是从与杰克相遇后才开始的，在工作之余，我常常去拜访那些事业有成的人，通过多方面的观察，我发现他们有一个共同的特点，就是能在正确的时间做出

正确的决策。这并非由于他们拥有某种特殊的天赋，而是他们对自己的人生和事业有一个明确的目标和整体的规划。但是，真正懂得“选对池塘钓大鱼”的人实在太少了。

想想看，一个人花在影响自己未来命运的工作选择上的精力，竟比花在购买一件穿一年就会扔掉的衣服上的心思要少得多，这是一件多么奇怪的事情！许多人宁愿花更多的时间来计划如何度过下个暑假，尽管它最多不过占用我们一生八十个小时，却不愿仔细考虑将占去我们一生八万个小时的职业生活应该是什么样子。

因此，我常常向别人建议：在确定职业方向之前，或者准备换一份工作之前，先聘请自己，为自己做一份生涯规划，并且将它当成自己的第一份工作。

一位朋友非常认同我的观点，那天一大早他就来拜访我，兴致勃勃地对我说：“我花了整整一个晚上完成了一生的职业规划。”他将几张写满字的纸放在我的桌子上。

我拿起来，从头到尾浏览了一遍，然后对他说：“写得很好，条理清楚，内容详细。但是，我不认为这有什么意义。”

“为什么？”他显然有些惊讶。

“一夜之间是无法完成一个具有实际意义的规划的。”

生涯规划不应该是一沓写满字的纸，而是一个可执行的计划，是一件有关个人发展的严肃的事情。我们接受主管的安排做一份计划书时，需要调查，需要查阅资料，需要征询他人的意见，但是，当我们做一份职业生涯计划时，为什么会认为只需要一念之间的感觉就可以了呢？

从出生到死亡，一次就做好生涯规划是一件不可能的事情，我们所要做的是在成长的转换点上来切割我们的人生，通过这种有意识的规划来矫正人生的偏差。对职业生涯规划这份工作一定不要半途而废，应该有足够的耐心；对待自己也要像对待其他老板一样敬业和忠诚。

心动行动

请同学们朗读下面的文章，体会情感，练习演讲。

职业与理想

如果人生是一根杠杆，理想就是启动它的支点。

如果生命是一次远航，理想就是导引它的罗盘。

明代著名的思想家王阳明曾说：“志不立，天下无可成之事，虽百工技艺，未有不本于志者。”

微生物学的奠基人巴斯德也说：“立志是事业的大门，工作是登堂入室的旅程，这旅程的尽头就有成功在等待着，来庆祝你的努力结果。”

做一个有理想的人吧，给生命一副劈波斩浪的船桨。

为理想而努力奋斗吧，明天属于那些执著追求的人。

志存高远，始于足下。

我们的职业生涯即将启程，辉煌的未来从现在开始。

通往理想的路上会有许多坎坷，当你想放弃努力，当你对自己开始怀疑的时候，听听我国著名诗人郭小川是怎么说的吧：“生活真像杯浓酒，不经三番五次的提炼呵，就不会这样可口！”

任务二 口语交际

范例借鉴

应 聘

在某人才市场招聘会上，一家供电公司拟招聘值班电工一名，学历层次是中专以上。××市职业技术学校机电技术应用专业的毕业生王海符合招聘条件，他到该公司招聘台前应聘。

下面是王海与该公司人事部主管赵刚之间的一段对话。

王海：先生，您好！我是来应聘的。

赵刚：你好，欢迎你来我公司应聘。请坐，请先进行一下自我介绍。

王海：谢谢。我叫王海，18岁，今年7月从××市职业技术学校机电技术应用专业毕业，想应聘贵公司招聘的工作岗位。

赵刚：今天来招聘的电力企业很多，你为什么来我们公司应聘呢？

王海：今年年初，在考虑毕业出路时，我就关注我们市里的一些机电企业。一次偶然的机会，我从报纸上看到介绍贵公司的文章。贵公司重视培养技能型人才，给他们的发展提供平台，贵公司涌现了一批在市里很有影响的蓝领精英，这件事给我的印象很深。

赵刚：你对职业发展有什么样的目标？

王海：我希望通过自己的努力不断磨炼自己，成为技术能手，成为企业里的蓝领精英。

赵刚：你的心志不小。谈谈你在校期间的学习情况吧。

王海：在校学习期间，除了学习文化基础课以外，主要学习了机电专业的专业知识，并且进行了掌握专业技能的训练。

赵刚：我公司希望招聘懂技术、会操作的员工，请说说你这方面的情况。

王海：我们学校特别重视培养我们的动手操作能力，毕业前我以优异的成绩通过了电工中级工的考核，获得了中级工技能等级证书。顶岗实习一年期间，着重锻炼自己的动手能力。我代表学校参加了省里组织的技能竞赛，获得了数控车床操作的二等奖。

赵刚：请介绍一下，你在校学习期间其他方面的情况。

王海：在校期间，我担任校学生会主席的职务，负责组织开展学生会举办的各项活动。如校园文化艺术节、校园体育节等，具备了一定的组织能力和策划能力。还组织我校学生开展专题社会调查活动，积累了一定的社会工作经验。

赵刚：担任校学生会主席的经历，对你今后的工作有帮助吗？

王海：我觉得是有帮助的。担任学生会主席期间，组织开展了许多的活动，我的组织、沟通和协调的能力以及团队合作意识，都得到了锻炼，也积累了一些经验。这些都是我走上工作岗位以后宝贵的财富。

赵刚：在校学习期间，你有什么爱好？

王海：我兴趣比较广泛，爱好也比较多，最喜欢踢足球。我是校足球队队员，我校足球队参加市里组织的足球比赛，还获得了第三名。

赵刚：参加工作以后，你还会继续学习吗？

王海：会的。工作中肯定会遇到许多在学校没有学到的知识；机电行业不断发展，知识也在不断更新，应该要不断学习，终身学习。

赵刚：参加工作以后的业余时间，你如何利用？

王海：我会利用业余时间学习，参加一些活动。当然，我也会利用业余时间放松一下自己，与同学、亲友聚会，外出旅游。

赵刚：对应聘的这份工作，你有信心吗？

王海：我具备贵公司要求的技能方面的条件，具备一定的组织协调能力，工作充满热情，有进取心，不怕吃苦。我相信自己能胜任这份工作。

赵刚：谈一谈你在工资和福利待遇方面的要求。

王海：如被贵公司录用，将非常感谢贵公司给我提供的工作机会，我将尽心尽力地工作，为公司的发展作出贡献。至于工资和福利待遇，本人没有特别的要求，贵公司按规定支付就可以了。

赵刚：你还有什么要求和希望？

王海：我非常希望能成为贵公司的一员。

赵刚：谢谢你的介绍，请留下你相关的材料，能否录用，我们会尽快通知你。

王海：谢谢您！

赵刚：不用谢，再见。

王海：再见。希望能听到贵公司给我的好消息。

点评

这是应聘时对话的案例。应聘人王海能够根据对方的提问进行恰当的回答，回答实事求是，简洁明了。即使对方提出的一些问题颇具挑战性，王海回答得也很得体。这反映了王海应聘时能认真倾听，同时也反映了王海平时就是一个善于思考、思维敏捷的人。“您”、“贵公司”、“谢谢”等词语的运用，也体现了王海具有较高的个人素养。

知识链接

应聘是用人单位向求职者发出聘用要求后，求职者根据自身的情况，对用人单位的聘用要求进行回应的一种行为过程。应聘面谈是一种专门性的谈话，是具有限制及特殊目标的谈话，也是应聘者向求职单位的接待人员或者负责人陈述自己的学习、工作经历、知识结构、业务能力以及成绩等内容，使用人单位全面了解自己的思想、品德、性格、技能，并在第一次接触中留下良好印象的重要会晤。

了解招聘面试时语言交谈的一些技巧，对成功应聘是有很大帮助的。应聘应注意以下几点：

一、了解对方，做好准备

“知己知彼，百战不殆。”要想应聘成功，一定要在应聘前了解用人单位的大致情况，然后结合自己的实际情况进行准备。对企业一无所知，求职前不去了解该公司，这样不负责的人，用人单位是肯定不会录用的。如果自己的条件与用人单位招聘员工的标准大致相符，可根据用人单位招聘的标准做好相应的准备，积极应聘。

二、充满自信，实事求是

面谈的核心目的是向对方推销自己，所以，如何适时适度地把自己的能力、潜能显示出来，在自我介绍中是很重要的。应聘时要有自信心，大方开朗，不卑不亢，举止得当。要客观地介绍自己的实际情况，既不要妄自菲薄，过分自谦，也不要言过其实，夸大其辞。在谈个人经历时，你应从以往的经历中找出合乎应聘单位期望的方面，进行重点叙述，顺水推舟地把自己的优点与长处表现出来。

三、态度诚恳，用语得体

求职中如何说服面试官，使他对你感兴趣，并进而愿意录用你，是求职成败的关键点。当你与面试官交谈时，千万不可有生硬和冷淡的表情出现，应当表现出你是一个非常随和善谈、易于结交的人，交谈时要态度诚恳，给对方留下诚心诚意想去用人单位工作的好印象。要有恳切之情，不可有恳求之语。用语要得体，要尊重对方，要用敬辞；用语还要委婉，切忌生硬，不要绝对化，这样才能拉近你与面试官的距离，让交谈充满融洽和愉快。

四、注意倾听，随机应变

应聘时要认真倾听对方的问话，有针对性地作出回答。对招聘方提出的一些含有话外音的问题，要揣摩对方的意图，随机应变作出回答，让对方满意。当然面试者也应该明白，无论你准备得多么充分，总有一些问题是你没有想到的，总会有一些突发情况需要你处理。所以，冷静面对、随机应变，对求职者尤为重要。

五、注意面试中的良好仪表和行为举止

仪表、礼貌、态度是面试中十分重要的因素。它不仅反映出你的人品、性格、教养、文化等，而且直接影响面试官对你的印象好坏，从而最终决定是否录取你。

进门时不要紧张，应主动热情地向面试官打招呼问好，若无面试官的邀请，你切勿径自坐下。对方叫你坐下时，应表示谢谢。坐下时要放松自己，但要坐得挺直，切勿弯腰弓背，不要摇摆小腿。不要挪动椅子的位置。不要把随身携带的皮包、物品等压在桌子上，东西应放在膝盖上面。双手保持安静，不要搓弄纸片或其他分散注意力的物品。说话时眼睛要看着对方。如果面试官有数位，要看着首席的那位。让面试官结束面谈，不要在面试官结束谈话前表现浮躁不安、急欲离去或另赴约会的样子。最后结束时，谢谢面试官给予应试的机会，并礼貌地离开。

任务实施

任务设计：模拟应聘——迎接挑战

任务目标：

1．提高学生自我表达的水平以及临场应变的能力。

2．增强学生的自信心，进而提升自身素质。

实施步骤：

1．把同学们分成两组，每组挑选出两名同学分别扮演面试官和应聘者。

2．根据下面的情境和要求，进行模拟面试。

某企业招聘员工，条件是职业学校应届数控技术专业的毕业生。赵晓同学符合招聘单位的招聘条件。于是，赵晓同学到了该企业的招聘现场应聘。

下面是招聘企业负责人提出的一些问题，假如你是赵晓应当如何回答呢？

（1）在职校学习期间，你认为自己最大的收获是什么？

（2）你为什么选择学习数控技术应用专业？

（3）用三个形容词描述你自己。

（4）进入企业后，你会用何种方式提高自己的技能水平，完善自己的知识？

（5）工作中有压力，你该怎样去应对？

（6）你最适合干什么工作？

（7）希望你的工资是多少？

（8）你还有什么想问的？

3．其他同学仔细倾听，在模拟结束后，对两组求职者的表现进行点评，总结出如何更好地迎接挑战，巧妙回答应聘问题。

任务三　应用文写作

展示自我——个人简历

读读想想

招聘专员阅览一份简历的时间：不超过 20 秒。

我们如何设计个人简历呢？

写作导航

概念解说：个人简历也叫履历，是个人在向机关单位或部门领导介绍自己的经历的资料文书，包含自己的基本信息：姓名、性别、年龄、民族、籍贯、政治面貌、学历、联系方式，以及自我评价、工作经历、学习经历、荣誉与成就、求职愿望、对这份工作的简要理解等。现在一般找工作都是通过网络，因此一份良好的个人简历对于获得面试机会至关重要。

范例参考

个人简历

姓名	赵××	性别	男	出生年月	1990年3月1日	照片
民族	汉	政治面貌	共青团员	身高	174cm	
学制	3年	学历	大专	户籍	沈阳市	
专业	数控	毕业学校		沈阳装备制造工程学校		
技能、特长或爱好						
计算机：能够熟练操作办公室自动化软件，运用CAD绘图。 专业特长/专业能力：具有中级（高级）车工/钳工/数车技能证技能证；参加学校技能班培训，能熟练操作CA6140车床，会车阶梯轴、螺纹、内外圆；掌握磨、钻、削等钳工工艺；识图、绘图能力强。具有电工证；焊连简单并串联电路，会操作PLC设备。						
个性爱好						
本人性格外向，乐观开朗；热爱班级，团结同学，服从管理，能吃苦耐劳；酷爱打篮球，人称“篮板王”；擅长短跑，在校运动会上获得过200米亚军；有驾照。						
联系方式						
通信地址	沈阳市铁西区南九西路九号		联系电话	13866443322		
E-mail	Shenzhuang_zhao@163.com		邮　编	110024		
自我评价						
作为初学者，我具备出色的学习能力并且乐于学习，敢于创新；作为参与者，我具备诚实可信的品格，富有团队合作精神。在年轻的季节我甘愿吃苦受累，努力实现自身价值。						

温馨提示

1．文字简练突出。
2．成绩归纳汇总。
3．意向开门见山。
4．个性有定位意识。

动手写写

结合自身的特点设计一份个人简历。

任务四 语文综合实践

求职之光——采访踏入职场的校友

场景案例

➲ 案例

地基之于高楼，桥墩之于桥梁，只有打牢基础才保稳固安全。

“走出校门后发现属于我们的好机会不是太多，需要好好把握。”计算机专业2 000级校友肇琢在说到自己的经历时深有感触。一米七六的微胖身材，穿着蓝色工装，和颜悦色，这位已过“而立之年”的校友精力充沛，意气风发。毕业分配到沈阳鼓风机厂以来，他已经多次获得厂内的各种大小荣誉和奖励，如今已在管理岗位任职。

2002年肇琢从沈阳装备制造工程学校毕业后被分配到沈阳鼓风机厂，学习计算机专业的他首份工作却是进入车间从事一线生产工作。这期间，他曾一度感到很委屈，感觉学而不用对自己而言是一种浪费，工作也打不起精神。后来在工作中与上级和老员工接触后，认识到一线生产工作对于自己也是一种历练，能对所在的单位有更多的了解。他说：“现在我真的感觉到，经历也是一种财富，对于单位的了解越多，也让我更加爱上了这个厂子，有了一种归属感”。

在一线工作中所表现出的工作态度和敬业精神，让同事和上级认识到了肇琢的优秀品质，他也因此回到自己所擅长的工作岗位，获得了更多成长的机会，渐渐地成为单位看重的人才。“我觉得机遇总会垂青那些有准备的人。”肇琢说。

打好基本功，受用一生

谈到自己在沈阳装备制造工程学校的学习经历，肇琢一直强调当时的基本功打得扎实，为他以后的工作奠定了重要的基础。他说：“作为国家重点职业中专，沈装的环境在职业中专里算是非常好的，学校管理很严，老师要求很严格，现在看来对学生未来走上社会是非常有益处的。”他谈到在学校实习的时候，老师告诉自己，不要为了学习而学习，现在多付出一分，将来就会多收获十分，因为听进去这些话而肯下功夫，自己的基本功就这样一步一步地积累起来。

谈到中专学习有没有必要时，他说：“虽然我们的文凭也许不算什么，但是在学校打下的基础使我们到了单位都能发挥专长。学校的氛围以及老师言传身教对自己的影响是一生的，虽然你无法用语言具体形容学校给了你什么，但是在潜移默化之中已融入你的血液，让你渐渐成熟起来。”

善于学习，方能不断进步

从沈阳装备制造工程学校毕业后，肇琢在沈阳鼓风机厂的工作岗位上，很多时候所面对的工作并非自己在学校学到的知识，但是他遇山开山，遇水搭桥，掌握了更多编程知识及软件使用技巧，工作上也更加得心应手。他说：“我们毕业之后，大部分从事的都与自己所学的专业不一样，我们专业出去之后要根据需要工作。在学校进行的是理论学习，出去之后真正需要做什么是在各自的岗位上锻炼出来的，发展是不同的。”

回归母校，念及恩师

2004年和2012年肇琢约他的同学回到母校参观新校并看望他们学习期间的班主任时，他和同学们深深地感受到学校的巨大变化。“每次回去都很不同，基础设施建设不断提高，我们的母校现在不比大学校园差嘛。”他说。

肇琢记得当初入学时学校还叫做机电学校，学校条件还是相对简陋的，校区面积也没有现在大。后来学校改名为现在的沈阳装备制造工程学校，教师是从其他中专通过合并或调配过来的，这些来自不同学校的教师把他们的教学理念和校园文化带到沈装，逐步形成了这个国家重点职业中专的校园文化。肇琢说：“我们的老师是学校的拓荒牛，我很感激和敬佩。他们不仅传授知识给我们，还教我们怎样做人，怎样适应社会，让我受用一生。”

寄语学弟学妹：沈装学子是优秀的

肇琢认为毕业后大家进入各行各业，个人的能力是主要的，而不是学校的档次。他说：“我们的学校适应了国家发展和社会进步的需要，我们很多同学其实是很优秀的，在这个社会上发挥着正能量，社会上对我们的评价还是很不错的。”

从自己在沈阳鼓风机厂的工作经历和公司的招聘情况中，他总结了对学弟学妹的一些建议。他觉得同学们需要尽可能多地掌握必要的专业知识，只有以一技之长才能在社会谋得一席之地；而且学到的知识会随着社会的发展而过时，所以必须不断地获取新知识。他认为同学们必须培养发现问题、解决问题的能力和团队合作的能力，这些能力可以使一个人在社会竞争中脱颖而出。

点评

学校生活对每一个人来说都是一次难得的人生经历，也是为走上社会打好基础的一个阶段。中专学习阶段是职业教育最重要的一个过程，学习效果的好坏直接影响到将来的求职和职业发展过程；在学习专业知识的同时，学习更多的社会知识并做好职业发展规划，在三年的学习过程中努力掌握更多专业知识，在实习阶段丰富自己的实践经验，走上社会后不断完善自己，充实自己，抓住机遇，一定能取得更大的成就！

知识链接

一、什么是采访

采访是指搜集寻访，也专指新闻采访，即记者为取得新闻材料而进行的观察、调查、访问、记录、摄影、录音、录像等活动，是一种媒体信息的采集和收集方式，通常通过记者和被获取信息的对象面对面交流。

二、怎样做好新闻采访

（一）合理分配提问

为了弄清楚一个事实，有许多必不可少的问题，但记者应当搞清楚问题，妥当地分配给不同的采访对象，说明采访目的，争取对方协助。

（二）提问的类型

1. 正面提问：这是一种基本的提问类型，开门见山地提出问题，不拐弯抹角。

2. 引导性提问：这种提问中以“闭合”性问题居多，它指的是记者在挖掘事实过程中的一种积极的态度。

3. 假设性提问：这是一种创造性的提问方法。

三、采访中的说话艺术

1. 采访中要努力与采访对象交流思想，在推心置腹的交流中建立知心朋友的关系才能把采访引向深入。

2. 对善言谈者，要耐心听取；对离题、漫无边际的谈话要注意引导，不要显得不耐烦或急躁。

3. 对不善言谈者，要轻声慢语，不退不逼，帮助对方回忆和思考。

4. 对不肯交流者，做好宣传解释工作；对没有时间交谈者，要见缝插针。

5. 根据不同的对象，采用不同的语言表达方式。

6. 最好一次只问一件事情，具有针对性。

任务实施

活动设计：采访踏入职场的校友

活动准备：

1. 全班分成四个小组，各组选出一名组长，并由组长安排组内成员准备相应内容。

2. 各组准备采访物品：①一部数码摄像机；②一副三脚架；③一部数码相机；④一支录音笔或其他录音设备。

3. 各组学习采访相关知识，并准备初步的采访提纲。

4. 搜集准备采访对象的个人情况。

活动步骤：

1. 各组组长负责组织组内成员完成本组任务，老师做好监督和指导工作。

2. 各组从校友名单中选择本组的采访对象，进一步获取校友相关资料。

3. 各组针对采访对象撰写采访提纲，由选定的采访人员对校友进行采访。

4. 采访结束后撰写采访稿。老师组织全班共同分享采访稿内容并进行点评，通过这一过程学习采访知识，吸取并总结校友的经验，思考如何在学习阶段开始进行准备，为将来踏入职场作好准备。

Ⅲ 态度篇

脚踏实地

殷殷寄语

责任的呼唤

我们带着使命来到了世界。

我们的生命跳跃着神圣的责任。

从“天降大任于斯人也，必先苦其心志，劳其筋骨，饿其体肤”中，我体会到了孟子的发奋；从“春蚕到死丝方尽，蜡炬成灰泪始干”的不朽绝句里，我理解了责任的深沉；从“谁言寸草心，报得三春晖”的古诗中，我看见了天下儿女对母亲的拳拳之心；从鲁迅的一张小照上，我找到了“我以我血荐轩辕”这句话里所饱含的博大胸襟。

责任闪耀出的耀眼光芒来自于英勇的献身。伸向远方的钢轨承受着巨大的压力而默默无闻；多级助推火箭呼啸着向上升腾，把通信卫星定位在宇宙上空；摩天大楼上的避雷针在与雷击的搏斗中，领略了永恒的内蕴；绿茵场，足球飞腾，一双铁脚凝聚着闪电般的责任。

责任是爱和道德的花束，把生活装点得五彩缤纷。

任务一 阅读与欣赏

十三 列车上的偶然相遇

（美）阿历克斯·哈利

学习提示

在生活中，往往会有这样的情况—— 一个偶然发生的事件会改变一个人乃至几代人的命运。一件小事、一个细节可以成就一个人，也可以败坏一个人。课文中的“父亲”就是这样，以他自己的“执著、认真”，应聘当上了列车临时服务员，以他的忠于职守、规范服务赢得了“神秘先生”的“青睐”，又以他的执著追求精神返回格林斯堡大学，抓住了“偶然”，抓到了“机遇”，最终不仅改变了自己的命运，也“改变了我们一家的发展轨迹”。文章告诉我们：“机遇”是有其偶然性的，但这种偶然的机遇只向具有真正价值的人敞开大门，而一个具有真正价值的人也必须善于捕捉机遇，否则难以求得发展。

课文中“父亲”是幸运的，他的成功对于我们有什么样的借鉴意义呢？如果没有这次“偶然相遇”，父亲还会成为一个“很有学问、受人尊敬的人”吗？

原文品读

我们兄弟姐妹无论何时相聚在一起，总是免不了谈论起我们的父亲，以及父亲那个晚上在火车上遇到的神秘的先生。

我们是黑人。父亲西蒙·阿历克斯·哈利1892年出生在美国田纳西州的一个小农场里。作为刚被解放了的黑奴的儿子，可以想见他的地位之卑微。当他吵着要去上大学时，祖父总共只给了他50美元：“就这么些，一个子儿也不会加了。”凭着克勤克俭，父亲艰辛地读完了预科班，接着又考取了北卡罗来纳州格林斯堡大学，勉强读到二年级。一个秋风萧瑟的下午，父亲被召进教师办公室。他被告知，因为无钱买课本的那一门功课的考试不及格。失败的沉重负担，使他抬不起头来：“也许该回农场去了吧？”

几天以后，父亲收到客车公司的一封信：“从几百名应聘者中，你被选上作为夏季旅客列车的临时服务员。”父系匆匆忙忙地去报到，上了布法罗开往匹兹堡的火车。显然，不积累点路费，又怎么回农场呢？

清晨两点钟，车厢内拥挤闷热，忠于职守的父亲穿着白色的工作服，仍在颠簸的车厢里缓缓巡回。一位穿着讲究的男子叫住了他，他说他与妻子都无法入睡，想要一杯热牛奶。父亲不一会儿就在银色的托盘里放了两杯热牛奶与餐巾，穿过拥挤的车厢，极为规范地端到这位男子面前。这人递给他妻子一杯，又递给父亲5美元小费，随后，慢慢地从杯中一口一口地呷着牛奶，并开始了交谈。

“你从哪来？”“田纳西州的大草原，先生。”“这么晚了，你还工作？”“这是车上的规矩，先生。”“太好了。做这工作之前你干什么？”“我是格林斯堡大学的学生，先生。但我如今正准备回家种田。”这样交谈了半小时。

整个夏季，父亲一直在火车上干活，他积攒了不少钱，远远超出了回家的路费。父亲想，这点积蓄已够整整一学期的学费，何不再试一学期，看看究竟能取得什么样的成绩？他又回到了格林斯堡大学。

翌日，他就被人叫进校长室。父亲怀着忐忑不安的心情在这位威严的人面前坐定。

“我刚收到一封信，西蒙。”校长说，“整个夏季，你都在客车上当服务员？”“是的，先生。”“有一天夜里，你为一位先生端过牛奶？”“是的，先生。”“是这样的，他的名字叫M·博西先生，他是那家发行《星期六晚报》的出版公司的退休了的总经理。他已为你整个一学年的伙食、学费以及书费捐赠了500美元。”

父亲惊讶得目瞪口呆。这出人意料的恩惠使父亲不用再每天奔波于学校、打工餐馆之间，使他以全班第一的成绩毕业。最后父亲又以优异的成绩获得纽约埃塔卡大学的全额奖学金。

30年后的一天，巧了，我也来到了《星期六晚报》社。那是因这家著名的报社为我写的《马尔科姆·艾克斯自传》的修改问题而请我去的。坐在豪华的大办公室里，我突然想起了博西先生，正是他的帮助，改变了我们一家的发展轨迹。

当然，这位神秘的博西先生之所以给我父亲一次机会，是因为父亲首先显示出了一个人的真正价值：执著、认真。后来，他抓住这个机会，克服了许许多多的困苦，成为一个很有学问、受人尊敬的人，也为我们兄弟姐妹创造了一个良好的教育环境。我的哥哥乔治是美国邮政定价委员会主席，妹妹朱丽叶是一位建筑师，露伊丝是位音乐老师。我本人呢，是曾获得普利策奖的著名小说《根》的作者。

知识链接

1. 阿历克斯·哈利（1921—1992），也有翻译为亚历克·黑尔，黑人作家，生于纽约州伊萨卡。他在海岸警卫队服役期间（1939—1959）当过记者，后来帮助撰写了黑人领袖《马尔科姆·艾克斯传记》一书。哈利在要找出黑人传统的欲望驱使下，对冈比亚有关的口头传说进行了调查研究，发现自己家庭的根可追溯到七代之前的一个非洲人，他作为奴隶于1767年被运到安纳波利斯。哈利以大量的史实作基础，增补了一些细节，写成了《根》一书。这部黑人家史获得1977年普利策特别奖，在美国被改编成电视连续剧，上演后轰动一时。

2. 普利策奖也称为普利策新闻奖。普利策奖是美国一种多项的新闻、文化奖金，由美国著名的报纸编辑和出版家约瑟夫·普利策出资设立。自1917年以来每年颁发一次。14项新闻奖分别是：公共服务奖、突发新闻报道奖、调查报道奖、说明报道奖、深度报道奖、国内报道奖、国际报道奖、特写奖、评论奖、批评奖、社论写作奖、社论漫画奖、突发新闻摄影奖和特写摄影奖。7项文学艺术奖是：小说奖、戏剧奖、历史奖、传记奖、诗歌奖、普通非小说奖和音乐奖。普利策奖的评选结果一般在4月宣布，5月颁奖。

3.《根》是美国黑人作家阿历克斯·哈利所写的一部家史小说，于1976年秋出版。作者经过十二年的考证研究，追溯到他的七代之前的祖先昆塔·肯特，一个从非洲西海岸被白人奴贩子掳到北美当奴隶的黑人，描述了他在非洲的自由人生活，他和他的子孙在美国奴隶制下的苦难历程，以及这个家族获得自由后的经历。这书一出版，就成为脍炙人口的畅销书。同时，它也引起了截然相反的评价，成为激烈争论的焦点。因此，关于《根》的问题，是一个带有高度社会意义和学术性质的事件，值得研究和探讨。

字词过关

1．给下列加点字注音

萧瑟（ ） 应聘（ ） 颠簸（ ）（ ） 呷（ ）

积攒（ ） 翌日（ ） 忐忑不安（ ）（ ）

2．解释下列词语

卑微 轨迹 恩惠 忠于职守

克勤克俭 目瞪口呆 出人意料

任务实施

听：文中偶然相遇的双方是谁？为什么称他为“神秘先生”？他是个怎样的人？

说：“父亲”与神秘先生相遇之后发生了什么事情？博西先生为什么要资助“父亲”？可见“父亲”是个怎样的人？文章从哪些方面表现他的为人和他的人生价值？从课文中的哪些句子中可以看出？

读：课外阅读小说《根》。

写：1．用楷书抄写文章最后一个自然段。

2．以“当机遇来临时”为题，写一篇600字的文章。

哲思驿站

1．假如你希望在你的生活中也获得那样的机遇，你必须播种，而且最好多播种，因为你尚未不清楚哪一粒种子会发芽。——（英国）坎贝尔

2．人们常觉得准备的阶段是在浪费时间，只有当机会真正来临，而自己没有能力把握的时候，才能觉悟自己平时没有准备才是浪费了时间。——（法）罗曼·罗兰

3．踏破铁鞋无觅处，得来全不费工夫。——施耐庵

4．机不可失，时不再来。——张九龄

十四 论逆境

（英）弗兰西斯·培根

学习提示

在圣诗中，哀歌是与颂歌相伴的，而“圣灵对约伯所受苦难的刻画远比对所罗门财富的刻画要更动人”，因为幸运固然令人羡慕，但只有战胜逆境才会令人敬佩。文章一开头，作者就引用塞涅卡的两句名言引出论述的话题，证明了“如果奇迹就是超乎寻常，那么它常常是在对逆境的征服中显现的”这一观点。强调了逆境对人的锻炼作用。

课文运用了大量优美、贴切的比喻，语言简练、生动，阐明了逆境能够磨炼人的意志，使人练就美好品质的真谛，盛赞敢于迎接逆境的挑战的做法，激励我们去勇敢地面对逆境，战胜逆境。

原文导读

“一帆风顺固然令人羡慕，但逆水行舟则更令人钦佩”这是塞涅卡效仿斯多葛学派哲学讲出的一句名言。确实如此。如果奇迹就是超乎寻常，那么它常常是在对逆境的征服中显现的。塞涅卡还说过一句更深刻的格言：“真正的伟大，即在于以脆弱的凡人之躯而具有神性的不可战胜。”这是宛如诗句的妙语，其境界意味深长。

古代诗人在他们的神话中曾描写过：当赫克里斯去解救盗火种给人类的英雄普罗米修斯的时候，他是坐着一个瓦罐漂渡重洋的。这个故事其实也正是人生的象征：因为每一个基督徒，也正是以血肉之躯的孤舟，横游在波涛翻滚的人生海洋的。

面对幸运所需要的美德是节制，而面对逆境所需要的美德是坚韧，从道德修养而论，后者比前者更为难得。所以，《圣经》之《旧约》把顺境看做神的赐福，而《新约》则把逆境看做神的恩眷。因为上帝正是在逆境中才会给人以更深的恩惠和更直接的启示。

如果你聆听《旧约》诗篇中大卫的竖琴之声，你所听到的那并非仅是颂歌，还伴随有同样多的苦难哀音。而圣灵对约伯所受苦难的刻画远比对所罗门财富的刻画要更动人。

一切幸福都绝非没有忧虑和烦恼，而一切逆境也都绝非没有慰藉与希望。

最美好的刺绣，是以暗淡的背景衬托明丽的图案，而绝不是以暗淡的花朵镶嵌于明丽的背景上。让我们从这种美景中去汲取启示吧。

人的美德犹如名贵的檀木，只有在烈火的焚烧中才会散发出最浓郁的芳香。正如恶劣的品质会在幸福而无节制中被显露一样，最美好的品质也正是在逆境中灼放出光辉的。

知识链接

1．本文选自《培根论人生》。1597年，《培根论人生》在英国首次出版。四百多年来，它历经数次再版重印，几乎被译为人类所有的语言。这是一本划时代的哲学名著，是欧洲文艺复兴时，古典人文价值观念的集中体现。其“文学有一种优美而庄严的韵律，给心灵以动人的美感；其论述有超人的智慧和哲学，给理智以深刻的启迪”。它与《蒙田随笔集》、《帕斯卡尔思想录》，被共同誉为欧洲近代的三大哲理散文。

2．弗兰西斯·培根（1561—1626），英国文艺复兴时期最重要的作家、哲学家。他不但在文学、哲学上多有建树，在自然科学领域里也取得了重大成就，被马克思称为“英国唯物主义和整个现代实验科学的真正始祖”。培根是一位经历了诸多磨难的贵族子弟，复杂多变的生活经历丰富了他的阅历，随之而来的，他的思想成熟，言论深邃，富含哲理。他的主要著作有：《学术的进展》、《新工具》、《新大西岛》等。他在《沉思录》中提出了“知识就是力量”这个著名论断。

3．塞涅卡（前4—65），古罗马斯多葛学派哲学家。

字词过关

1．给下列加点字注音

涅（　　）　　聆听（　　）　　汲取（　　）　　灼放（　　）

2．解释下列词语

意味深长　　坚韧　　慰藉

任务实施

任务设计：辩论——顺境（逆境）更利于成长

任务目标：1．提高学生的语言表达能力和逻辑思维能力。

2．通过辩论使学生懂得无论顺境还是逆境都该坦然面对，泰然处之。

实施步骤：

1．主持人开场白：介绍比赛规程、参赛队及所持观点，然后宣布比赛开始。

2．参赛双方进行辩论。

3．辩论结束，现场互动，观众就辩题发表观点。

4．主持人宣布结果，比赛结束。

哲思驿站

1．厄运在同一条路上漫游，时而降临于这个人，时而降临于另一个人。——（希腊）埃斯库罗斯《被缚的普罗米修斯》

2．苦难磨炼一些人，也毁灭另一些人。——（美）富勒《至理名言》

3．烈火试真金，逆境试强者。——（英）塞内加《论天意》

4．那些能将我杀死的事物，会使我变得更有力。——（德）尼采《偶像的黄昏》

5．在厄运中满怀希望，在好运中不忘忧虑，这样便能泰然担待祸福。——（古罗马）贺拉斯《歌集》

十五　万能的求职方法

（美）奥里森·马登

学习提示

真有“万能的求职方法”吗？回答是否定的。那么文中所说的方法是什么，细读此文，你就会明白。作者告诉大家的方法，其实就在你自己的心中、手中，那就是你自己的求职和工作态度。一个人只要有自信心，能自立自强，愿意从最基层的岗位、最基础的工作做起，不嫌琐碎，不怕苦累，不计较得失，那么，不论你走到什么地方，都不难找到工作。而且，只要你珍惜每一个工作机会，脚踏实地地工作，你就掌握了这个“万能的求职方法”，拥有了打开成功之门的“万能”钥匙。

原文导读

若干年前，有一位青年来到美国西部，他想当一名新闻记者，但因人地生疏，无从着手，只好写信去请教报界很有影响的柯里蒙先生。不久，他接到了柯里蒙先生的回信，信中说：“只要你愿意依照我的话去做，我可以在报界为你谋得一席职位。现在请你告诉我：你想进哪一家报馆？这家报馆在什么地方？”

青年接到回信后兴奋异常，连忙再寄一封信，说明他所盼望去的报馆名称和地址，同时诚恳表明自己愿意听从他的指导。不久，他就接到了第二封回信，信中说：“只要你肯暂时只尽义务，不要薪水，随便你到哪家报馆，人家都不会拒绝你；至于薪水，你可不必着急。你去对报馆的人说，你近来失业觉得很无聊，现在想找个工作，借以充实生活，可先不收酬金。这样一来，无论对方是否迫切需要，总不至于一口拒绝。”

“获得机会之后，就要多找事情做，时间一长，同事们渐渐地都觉得少不了你，这时你再从各方面去采集新闻，把所得到的消息交给编辑部；如果其中有他们需要的新闻，当然会陆续替你发表出来，这样你就可以渐渐升到外勤记者或编辑的位置；大家渐渐看重你，至此你便不愁没有薪水了。你的名字和成绩将会被同事和朋友们传开去，这样你迟早会获得一份薪水相当不错的工作。

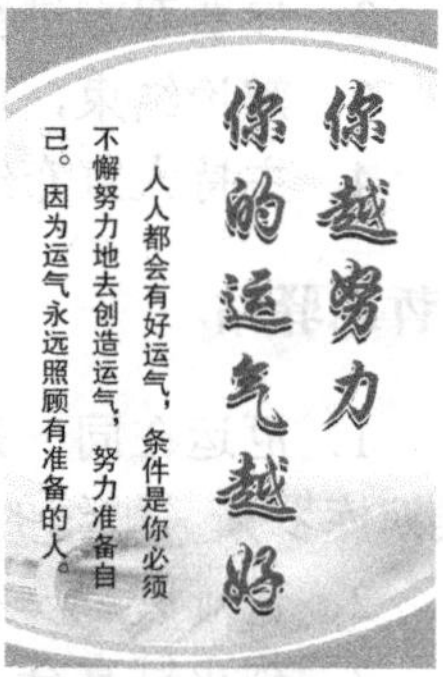
你越努力
你的运气越好
人人都会有好运气，条件是你必须不懈努力地去创造运气，努力准备自己。因为运气永远照顾有准备的人。

“不久，你收到了其他报馆的聘书，你可以拿给主编先生看，告诉他那家报馆要给你多少薪水，如果这边也出同样的薪水，你就愿意留在这里做下去。那时也许其他报馆会再提高你的薪水，但如果那数目与这边相差不大，你最好还是在老地方做下去。毕竟你在此干的时间较长，人熟事顺了。”

起初，这位青年对柯里蒙的这个方法有些怀疑，但他仍然照着去做了。不久，他果然进了一家报馆的编辑部；不到一个月的时间，又收到另外一家报馆的聘书，答应每月给他多少薪水，这边报馆知道后，就答应照那数目加倍给他，于是他仍然在原来的报馆服务。这样继续做了四年，在四年内，又两次接到其他报馆的聘书，他因此也被加了两次薪水。现在他已经是那家报馆的主编了。

此外，又有五位青年去请教柯里蒙先生，他们也得到同样的指教，并找到了他们所期望的工作。其中有一位现在就是美国一家名望极大的日报主编迪波，他在20年前不过是一个极平常的人，自从用了柯里蒙所教的方法进了那家报馆后，地位日渐上升，终于实现了他的梦想。迪波先生说：“年轻人只要办事谨慎，有自信心，不管走到任何地方，都不难找到工作。有了工作，也不难迅速晋升。”

他还讲述了下面这个故事。

有一位名叫路特的人，家在伊里铁路附近。起初他在铁路局找到了一个管理货物的职位，不久，上司看出他有足够的工作能力，于是就提拔他为一个车站的货运主任。上任之后，他立刻把那里的货运工作大加整顿，一改从前混乱的情形，一切工作都有条不紊，每个人都对他称赞不绝，于是他立刻再被提升为整个铁路局的货运管理主任。当时的伊里铁路局总办是海军统帅凡得毕兹，他看出这位青年有不可限量的才干，就特地再请他到中央铁路局担任货运主任，年薪是15000美元。

有一天，路特因工作中遇到了几个难以解决的问题，就去请教凡得毕兹。可是海军统帅却对他说："你每年拿15000美元的薪水，你应该做些什么事？"

"管理货运事宜。"路特说。

"这么说来，你是不是想把这笔薪水给我呢？

路特惭愧得连忙转身而出，他用自己的力量，终于把那几个难题一一解决了。后来，由于路特自己不断努力，他又被提升为中央铁路局次长，不久，凡得毕兹年老退休，路特就接任他成为中央铁路局总办。

如果当初路特不用全力去解决自己碰到的难题，恐怕他现在的位置早已被别人占去了。

知识链接

奥里森·马登博士（1848—1924）被公认为美国成功学的奠基人和伟大的成功励志导师、成功学之父，是《成功》杂志的创办人。马登撰写了大量鼓舞人心的著作，包括《一生的资本》、《思考与成功》、《伟大的励志书》、《成功的品质》、《高贵的个性》、《奋力向前》、《真确思考的奇迹》、《成功学原理》等。美国第25任总统威廉姆·麦金莱曾说："马登的书对所有具有高尚和远大抱负的年轻读者都是一个巨大的鼓舞。马登的著作和他所倡导的成功原则改变了世界各地千百万贫苦人民的命运，使他们由一贫如洗变为百万富翁，从无名之辈变为社会名流。"

字词过关

1．给下列加点字注音

生疏（　　）　兴奋（　　）　诚恳（　　）　无聊（　　）

编辑（　　）　酬金（　　）　聘书（　　）　谨慎（　　）

2．解释下列词语

生疏　惭愧　谨慎　有条不紊

任务实施

听："年轻人只要办事谨慎，有自信心，不管走到任何地方，都不难找到工作。有了工作，也不难迅速晋升。"你认为这句话包含什么样的道理。

说：结合这篇文章，谈一谈什么是找工作的好方法。

读：在了解作者及其作品的基础上，从作者的著作中选取一篇进行朗读。

写：设想自己将来走上社会，想要谋得一份职业的情景，以"我要一份工作"为题，写一篇600字左右的文章。

哲思驿站

1．当一个人用工作去迎接光明，光明很快就会来照耀着他。——冯学峰

2．一个有真正大才能的人在工作过程中感到最高度的快乐。——（德）歌德

3．应该记住，我们的事业，需要的是手，而不是嘴。——童第周

4. 世间没有一种具有真正价值的东西，可以不经过艰苦辛勤劳动而能够得到。

——（美）爱迪生

5. 正是劳动本身构成了你追求的幸福的主要因素，任何不是靠辛勤努力而获得的享受，很快就会变得枯燥无聊，索然无味。——（英）休谟

十六 走向社会

（美）亚伦·亚达

学习提示

这是一篇教子箴言。作者将自己的人生经历和深刻的人生感悟浓缩到这一篇短文之中，以肺腑之言告诉女儿，如何用坚强、智慧、爱与欢笑去面对即将步入的多彩的“社会”。对于我们每一个即将走向社会或正在社会上行走的人来说，本文是一篇可以随时带在身边的人生指南。这些质朴、真挚的话语中所蕴含的人生哲理，可以为你解读社会，释疑解惑，可以为你的人生导航，伴你前行，可以助你发现更美好的社会和更快乐、充实的人生！

原文品读

肺腑之言，留待最后才说。一般人常常会滔滔不绝地谈上几个钟头，实际上却在谈些无关紧要的事，直到停留在门口的那一刻，才说出几句发自肺腑的真心话。

今天，你我正停留在门口，我们正手握着门柄，依依惜别，像《哈姆雷特》中的波洛涅斯对儿子雷欧提斯的反复叮咛：“要记住，不要向人借钱，也不要借钱给人——尤其不要忘记，要对自己诚实。”

但最好的话常常是顺口说出来的。前面还带上一句“哦，顺便提一提”。实际生活中，波洛涅斯在叮嘱完了儿子之后——他儿子大概这时没有留心听——一定还要加一句：“啊，顺便提一提，如果你有什么困难，别忘了随时可以打电话到我办公室来。”

此刻，你我正站在门口，我向你告别，我有多少话想要对你说啊，我的夏娃。

第一件事是：你不要害怕。你投身于一个稳稳当当的社会之中，这个社会就好像一辆有四个轮子的汽车正在平稳地行驶。你有一点惶惑不安，那没有关系。你已是一个大人，而今天世界上的领袖，他们的行为却像孩童。

你已到了成年，但你仍觉得没有成年的把握。我对成年有时也无把握——包括你的成年和我自己的成年。

不是吗，前天你还只是个婴孩，我害怕抱你，因为你是那么娇嫩。昨天你跌断了胳膊，急得我手足无措，那时你刚刚九岁。直到今天早上，你才不过20岁呢！我也在变老，只有时光无情；但尽管光阴如贼，却总算还给我们留下了一些东西，那就是经验。有了经验，你做事会更有把握。

爱你的工作，如果你悉心去做某件事情，你决不会一无所获。不论你的收获是不是值很多钱，但你会过得很快乐，而这份快乐是没有人能够夺去的。

在此依依不舍之际，我真愿把大事小事通通都说出来，我说，你要不停地笑。你总爱咯咯地笑，为了健康，你一天要这样笑上三次。如果你能逗得别人和你一起笑，你也许可以帮助这条摇晃不定的小船不至于沉没。当人们在笑的时候，通常是不会互相残杀的。

这是一个错综复杂的世界。我希望你能学到明辨的功夫。不要只看到桃子皮上的细毛，不要只看到蛤蟆身上的疙瘩，不要只看到一个人古怪的脾气。如果我们能明辨，我们就知道容忍。我们就可以抓住问题的核心，而不至于老是在一些枝节问题上纠缠不清。

当你养成了明辨的习惯后，你就会开始怀疑你自己的假设。你的假设是对世界敞开的窗户，这扇窗户有时也需要洗一洗，否则光线进不来。如果你能怀疑自己的假设，你就不会太轻易地接受别人那些未经怀疑的假设。你也不至于做了世俗偏见的俘虏，或者受了那些居心叵测的人的欺骗，以至于去把你的脑袋、灵魂以及钱财全交给了他。

做人要伶俐，但你要记住，智慧总胜于伶俐。智慧难得，却不要因此灰心。寻求智慧需要时间。智慧如罕见的宝石，常在意想不到的时候出现，且喜欢光顾那些富于同情心的人和明理的人。

门已渐渐移近门闩，但我的话还未说完。让我说得更深一些。除非你赋予生命以意义并好好地去利用它，否则人生只不过是无聊和空虚。存在只有靠自己去创造。

不管我们多么爱别人，别人也多么爱我们，我们中的绝大多数人免不了会觉得内心空虚，变得孤独和寂寞。孤独和寂寞是每一个人都要遭遇的心魔。当你到了要和它搏斗的时候，我要你能够看透它，并且战胜它。

当无聊感侵袭你的时候，你应有所准备。假如你已有了准备，它就抓不住你。你该运用你在大学里所学的本领和技能，深入社会，改造社会，使它变得更好。

举例说，你可以试着去治理受污染的空气和水，你可以试着去推动司法制度，使它发挥作用，或者你可以去工作，使穷人和富人过得一样好的那天早日来到。

你可以去研究一番，看一看为什么每个国家和每个宗教里总有一些人不时要给其他人带来那么多的灾难。如果真要找出荒谬之事的答案，你应去弄明白，为什么人类既能养育生命又能残害生命，既会为一个小女孩身陷矿井而焦灼不安、设法奔走，却又能够把整个村庄的人斩尽杀绝而不眨一眼。

当你这么做的时候要想到，你今天所享有的一切妇女权利，都是昨天由许多妇女为你争来的。除非你也同样以行动来维护和扩大这种平等，今天出生的某些女孩也许还享受不到你现在所享有的权利。文明生活就好比一锅煮着的肉，它自己不会一直沸腾下去，要你去往锅里放入些什么，好让排在你后面的人也能够去享受。

在有生之年，许多事要你去为之奔忙。我不能因此保证你可以完全摆脱无聊感。但它有可能因此减少到能够驾驭的程度。你也会因此常常沉浸在欢乐之中，因为你将会看到，事物毕竟是在朝前发展。

我看到你像我喜欢的那样蹙着双眉。你那紧蹙的双眉表明你对世界有所怀疑。在这样激动和充满希望的时刻，为什么我却要和你讨论荒谬和空虚呢？因为我愿你把希望像光聚成焦点，把激动连成一条连续的光线，好像激光那样直射向我们不满的目标。

我要你做事有成效。能够做的时候要尽力去做有益的事。用你的智慧和聪明去抵御别人的野蛮和粗鲁。而最要紧的是，要在你自己选定的生活中，在你自己创造的世界中充满欢笑，自得其乐。我要你坚强、进取，做个能吃苦、有活力、富有感情的人。成为真正的你，充分发挥你的个性。

你要有激情和冲动。大凡伟大的事都是从激情来的。哥伦布有这种激情，在《独立宣言》上署名的那些人也有。可以笑你自己，但决不可否定自己。你应勇敢，去陌生地方的时候，别把安全留一点在岸上。

勇于去过富于创造性的生活，就是去从来没人到过的地方。你必须离开舒适的城市，到直觉引领你去的旷野。不是乘公共汽车去，而是用苦干和冒险。你的发现定会叫你感到奇妙。你会发现你自己的存在。

好了，这就是我的临别赠言。看，门正在轻轻地关上。再会。祝你快乐……

哦，还要顺便提一提，我爱你。

知识链接

1. 亚伦·亚达是美国影视明星，主演过《杏林春暖》等影片。

2.《哈姆雷特》是欧洲文艺复兴时期英国戏剧家莎士比亚的一部戏剧，又名《王子复仇记》，著名悲剧之一，是莎士比亚最负盛名的剧本。它同《麦克白》、《李尔王》和《奥赛罗》一起组成莎士比亚“四大悲剧”。在《哈姆雷特》复仇的故事中交织着爱恨情愁。同时，哈姆雷特也是该剧主人公的名字。

3. 夏娃，指演说者的女儿。

字词过关

1. 给下列加点字注音

肺腑（　　）　叮咛（　　）　疆域（　　）　旷野（　　）　疙瘩（　　）

荒谬（　　）　惶惑（　　）　伶俐（　　）　沸腾（　　）

2. 解释下列词语

手足无措　　旷野　　斩尽杀绝　　居心叵测　　荒谬

任务实施

听：“如果你能怀疑自己的假设，你就不会太轻易地接受别人那些未经怀疑的假设。”这一句肺腑之言的含义是什么？

说：看完这篇文章之后，说一说从中获得怎样的人生智慧。

读：读一读文章中属于临别赠言的段落，理解作者所要表达的思想。

写：以“当无聊感侵袭我的时候”为题，写一篇600字左右的感想。

哲思驿站

1. 人在智慧上、精神上的发达程度越高，人就越自由，人生就越能获得莫大的满足。

——（俄）契诃夫

2. 人要想在别人面前敞开心房，却痛感言辞贫乏，生活中很多伟大、重要的智慧都湮灭了，完全归咎于不能及时找到所需的表达形式。——（前苏联）高尔基

3. 用勇气改变可以改变的事情，用胸怀改变不能改变的事情，用智慧分辨两者的不同。

——李开复

4. 聪明是智慧者的天敌，傻瓜用嘴讲话，聪明的人用脑袋讲话，智慧的人用心讲话。

——马云

拓展阅读

十七 成功离你有多远

（印度）R•格帕拉克里斯南

学习提示

每个人都期盼成功，但对成功的理解却有不同。作者以一个过来人的身份，结合自己的人生经验，向我们阐述了成功需要具备的一些条件：要“主动寻求基层经验”，“期望应与实力相符”，“赢要赢得公平”，“方向比距离重要”，等等。在作者看来，“享受工作”无疑是接近成功的最短距离：“我们应当幸福地工作，而不是为了得到幸福而工作”，“只要能发挥你的所长，无论你是小职员还是董事长，都能得到快乐和满足”。

这篇演讲词，语言平实，语重心长，阅读课文，要重点把握每一个小标题的含义，体会作者对年轻人的关爱、呵护及殷切希望的情感。

原文导读

泰国有句谚语：“经验是一把梳子，秃顶后才能得到。”在秃顶之际，我愿与你们分享我的梳子，为你们未来的职业生涯作参考。

主动寻求基层经验

我大学学的是物理专业。毕业前几个月，我到印度利华有限公司应聘计算机程序员职位。面试时，当主考官问我是否愿意放弃专业改做营销时，我断然拒绝了。让一个工程师挨家挨户推销肥皂？老天，我可不干。加入公司后，我在总部风风光光地待了几个星期。有一天，上司交给我一张去纳西克的火车票，要我到科尔卜先生手下做两个月推销员。这意味着我将在帕冈、品帕岗之类的小镇走街串巷推销产品。我非常懊丧，但还是听从了安排。

在一个叫奥扎尔的小镇，当我手拿文件夹跟着满载货物的牛车一家家店铺推销时，一位大学时的朋友出现在我面前。你们应该能想象得出，当时我有多尴尬。“高帕尔，我以为你在计算机部管理层实习呢！”他惊呼道。我无地自容，恨不得去死。有了那次“屈辱”的经历，我当仓库发货员或财务部开票员时就没那么尴尬了。

几年后，我认识到这种基层经验的价值。你们都很年轻，我建议你们主动去做一些基层工作，不要怕弄脏你的指甲，弄黑你的衣领，磨破你的鞋子。因为只有这样，你们才能真正了解一个公司，理解工作的实质，认识到一个大企业的发展是离不开这些不起眼的工作的。

期望应与实力相符

我曾担任公司最为大众化的两种肥皂的品牌经理。什么是品牌经理？“一个迷你企业家，负责品牌的生产、销售、利润和长期发展……”我对教科书上的话深信不疑，年仅27岁，我已经“掌管一切”了。但是很快我发现，不经过上级，我连一根大头针也动不了。

有一天晚上工作结束后，我对市场部经理倾诉了自己的挫折感，委婉地询问，是否能授予我全部的管辖权。他微笑着说：“你说的在理，你应当得到全权，但不是现在，而是当你对品牌的了解超过公司里任何人的时候，这包括配方、原材料、生产成本、消费者认知、销售渠道等。能做到这些你需要多长时间？”“可能要十年吧。”我回答，“但是我不想做那么长时间的品牌经理！”

突然，我明白了其中的道理。我期望得到全权，但我的实力远远不够。当涉及责任、职务和晋升时，同样的问题总会出现——我们所得到的和我们认为自己应得的有一段距离，但你的期望应与实力相符。

赢要赢得公平

人生充满竞争，你参与竞争，力争上游，但是不要失去控制。你会为了取胜不择手段吗？也许不会。但是考虑一下，你的底线画在哪里，如何画。每个人的底线都不同。

在画底线之前，想想你的价值观。赢得竞争却失去人格，绝不是真正的胜利。

那些贡献最大的领导者，如圣雄甘地和马丁·路德·金，他们都有一套自己的价值观。

现代奥林匹克运动之父顾拜旦设立的公平竞赛奖是我最喜欢的话题，以下是两名获奖者的事迹。

一位匈牙利网球运动员请求裁判给他的对手更多的时间消除痉挛；英国皮划艇队在比赛中一路紧追丹麦队，当丹麦队遭遇事故时，英国队停下来帮助丹麦队，使他们能够继续前进，结果在这场三个小时的比赛中，丹麦队以一秒的优势战胜英国队！这都是公平竞争精神的完美典范——赢要赢得公平！

享受工作

托马斯·利普顿爵士有句名言：“艰苦工作是最好的娱乐。”其实，每个人都有自己的长处，在擅长的领域里都能如鱼得水，乐在其中。那么是什么使人们远离了快乐而痛苦地工作呢？回答往往是“人生奋斗”，即所谓的“追求成功”的奋斗。

但除非你知道成功的目的何在，否则成功本身只能令你失去快乐。亚里士多德说：“人们将幸福作为终极目标来追求，而不是作为达到其他目的的手段。”仔细想一想，我们应当幸福地工作，而不是为了得到幸福而工作。你应当选择能够充分发挥自己潜力的工作和职业，只要能发挥你的所长，无论你是小职员还是董事长，都能得到快乐和满足。

关于享受工作的最后一点，是保持幽默感，不要过于在意工作中的得失。史迪威将军说过：“保持微笑。猴子爬得越高你就越容易看到它的屁股。”

健康是本钱。当你上了年纪，很自然会有点啤酒肚，即使没有秃顶，头发也会变得花白，但是在职业生涯之初的5年至7年，是最容易忽视健康的时期。体育爱好者不再运动，滴酒不沾的人开始酗酒，吸烟的人抽得更凶，活跃的人长时间坐在办公室里，曾经饥肠辘辘的背包族，如今在豪华宾馆里饱餐美食。这是最需要警惕的几年。

我再次忠告，千万不要为自己找借口，比如你太忙，你没有运动设施，或最糟糕的，你是为了放松自己，释放职业压力。职业生涯的确充满压力，但只有一个人能帮助你应付紧张感，免遭疾病之苦，让你每天早晨感觉良好，那个人就是你自己。上天给了我们最初的健康，这有点像银行存款，让它增长、保值，当心不要让它破产，否则对你的惩罚是非常严厉的。

方向比距离重要

每个高尔夫球手都尽力把球打得更远，这项运动要求几个动作同时进行，高度协调。在此过程中，各种错误都有可能发生。高尔夫球教练总是教导说，方向比距离更重要。人生同样如此。

无论一个人有多努力，总有浮沉起落，能帮助他的生命之舟驶出惊涛骇浪的是友谊和亲情。我年轻时看的一部电影令我终生难忘，那就是由弗兰克·卡普拉导演，詹姆斯·斯图尔特和唐娜·里德主演的《风云人物》。电影讲的是一个人自认是失败者，决定自杀，结果天使拯救了他。这部电影告诉我们："有朋友的人就不是失败者。"

我们这一代人的20岁一去不复返了，但是当你们这一代人年事渐长，你们应该而且能够与我们这一代不同。要在世界的舞台上展现你们伟大祖国的真实潜力，有赖于你们青年人的不懈努力。青年朋友们，祝你们在人生的旅途中好运常伴。

【注释】

1. 甘地（1869—1948），印度民族主义运动领袖，他带领国家迈向独立，脱离英国的殖民统治。他的"非暴力"思想影响深远。

2. 史迪威（1883—1946）美国军事家，出生于美国佛罗里达州，1904年在西点军校毕业。抗日战争期间，他曾多次来中国，协助中国人民抗击日本侵略者。

十八 影响中国青年的100句人生名言

路漫漫其修远兮，吾将上下而求索。（屈原）
与有肝胆人共事，从无字句处读书。（周恩来）
出淤泥而不染，濯清涟而不妖。（周敦颐）
生活的理想，就是为了理想的生活。（张闻天）
静以修身，俭以养德，非淡泊无以明志，非宁静无以致远。（诸葛亮）
走自己的路，让别人说去！（但丁）
海纳百川有容乃大；壁立千仞无欲则刚。（林则徐）
书籍是人类进步的阶梯。（高尔基）
要成就一件大事业，必须从小事做起。（列宁）
欲穷千里目，更上一层楼。（王之焕）
世上无难事，只要肯登攀。（毛泽东）
横眉冷对千夫指，俯首甘为孺子牛。（鲁迅）
君子爱财，取之有道。（孔子）

一言既出，驷马难追。（佚名）

虚心使人进步，骄傲使人落后。（毛泽东）

苟利国家生死以，岂因祸福避趋之。（林则徐）

我们有力的道德就是通过奋斗取得物质上的成功；这种道德既适用于国家，也适用于个人。（罗素）

两情若是久长时，又岂在朝朝暮暮。（秦观）

不想当将军的士兵，不是好士兵。（拿破仑）

生命诚可贵，爱情价更高；若为自由故，二者皆可抛。（裴多菲）

那最神圣恒久而又日新月异的，那最使我们感到惊奇和震撼的两件东西，是天上的星星和我们心中的道德律令。（康德）

先天下之忧而忧，后天下之乐而乐。（范仲淹）

道德常常能填补智慧的缺陷，而智慧却永远填补不了道德的缺陷。（但丁）

能够生存下来的物种，并不是那些最强壮的，也不是那些最聪明的，而是那些对变化作出快速反应的。（达尔文）

仰不愧天，俯不愧人，内不愧心。（韩愈）

虚荣的人注视着自己的名字；光荣的人注视着祖国的事业。（何塞·马蒂）

天下兴亡，匹夫有责。（顾炎武）

人生自古谁无死，留取丹心照汗青。（文天祥）

知识就是力量。（培根）

如果错过太阳时你流了泪，那么你也要错过群星。（泰戈尔）

古之成大事者，不唯有超世之才，亦必有坚韧不拔之志。（苏轼）

立志是事业的大门，工作是登堂入室的旅程。（巴斯德）

盛年不重来，一日难再晨。及时当勉励，岁月不待人。（陶渊明）

三军可夺帅也，匹夫不可夺志也。（孔子）

吾爱吾师，吾更爱真理。（亚里士多德）

为中华之崛起而读书。（周恩来）

天行健，君子以自强不息。地势坤，君子以厚德载物。（《周易》）

只有那崎岖的小路上不畏艰险奋勇攀登的人，才有希望达到光辉的顶点。（马克思）

要散布阳光到别人心里，先得自己心里有阳光。（罗曼·罗兰）

少壮不努力，老大徒伤悲。（乐府《长歌行》）

有志者，事竟成，破釜沉舟，百二秦关终属楚；苦心人，天不负，卧薪尝胆，三千越甲可吞吴。（蒲松龄）

学无止境。（荀子）

己所不欲，勿施于人。（孔子）

天将降大任于斯人也，必先苦其心志，劳其筋骨，饿其体肤，空乏其身，行拂乱其所为；所以动心忍性，曾益其所不能。（孟子）

美是到处都有的，对于我们的眼睛，不是缺少美，而是缺少发现。（罗丹）

你若要喜爱你自己的价值，你就得给世界创造价值。（歌德）

人在身处逆境时，适应环境的能力实在惊人，可以忍受不幸，也可以战胜不幸，因为人有着惊人的潜力，只要立志发挥它，就一定能渡过难关。（卡耐基）

时间像海绵里的水，只要你愿意挤，总还是有的。（鲁迅）

老吾老以及人之老，幼吾幼以及人之幼。（孟子）

富贵不能淫，贫贱不能移，威武不能屈，此之谓大丈夫。（孟子）

业精于勤，荒于嬉；行成于思，毁于随。（韩愈）

三人行，必有我师焉，择其善者而从之，其不善者而改之。（孔子）

人的生命是有限的，可是为人民服务是无限的，我要把有限的生命投入到无限的为人民服务之中去！（雷锋）

生活永远不像我们想象的那样好，但也不会像我们想象的那样糟。（莫泊桑）

我要扼住命运的咽喉，决不能让命运使我屈服。（贝多芬）

人的差异在于业余时间。（爱因斯坦）

世界上最宽阔的是海洋，比海洋更宽阔的是天空，比天空更宽阔的是人的胸怀。（雨果）

衡量一个人的真正品格，是看他在知道没人看见的时候干些什么。（孟德斯鸠）

读一本好书，就是和许多高尚的人谈话。（歌德）

天才就是百分之一的灵感，百分之九十九的汗水。（爱迪生）

千里之行，始于足下。（老子）

人并不是因为美丽才可爱，而是因为可爱才美丽。（托尔斯泰）

给我一个支点，我可以撬起地球。（阿基米德）

历览前贤国与家，成由勤俭败由奢。（李商隐）

宝剑锋从磨砺出，梅花香自苦寒来。（《警世贤文》）

勿以恶小而为之，勿以善小而不为。（刘备）

不积跬步，无以至千里；不积小流，无以成江海。（荀子）

如果不想在世界上虚度一生，那就要学习一辈子。（高尔基）

天生我才必有用。（李白）

良好的开端是成功的一半。（亚里士多德）

纸上得来终觉浅，绝知此事要躬行。（陆游）

人不是为失败而生的，一个人可以被消灭，但不能被打败。（海明威）

机遇只偏爱那些有准备的头脑。（巴斯德）

人的一生可能燃烧也可能腐朽，我不能腐朽，我愿意燃烧起来！（奥斯特洛夫斯基）

鞠躬尽瘁，死而后已。（诸葛亮）

长风破浪会有时，直挂云帆济沧海。（李白）

骐骥一跃，不能十步；驽马十驾，功在不舍；锲而舍之，朽木不折；锲而不舍，金石可镂。（荀子）

人无远虑，必有近忧。（孔子）

人不可有傲气，但不可无傲骨。（徐悲鸿）

失败乃成功之母。（牛顿）

人只有献身于社会，才能找到那短暂而有风险的生命的意义。（爱因斯坦）

物竞天择，适者生存。（赫胥黎）

穷则独善其身，达则兼济天下。（孟子）

岂能尽如人意，但求无愧我心！（林则徐）

不要问你的国家能够为你做些什么，而要问你可以为国家做些什么。（肯尼迪）

有很多良友，胜于有很多财富。（莎士比亚）

由俭入奢易，由奢入俭难。（司马光）

如果说我比别人看得要远一点，那是因为我站在巨人的肩上。（牛顿）

吾生也有涯，而知也无涯。（庄子）

我的最高原则是：不论对任何困难都绝不屈服。（居里夫人）

生于忧患，死于安乐。（孟子）

人生的价值，并不是用时间，而是用深度去衡量的。（列夫·托尔斯泰）

古之成大事业大学问者，必经过三种之境界："昨夜西风凋碧树，独上高楼，望尽天涯路。"此第一境也。"衣带渐宽终不悔，为伊消得人憔悴。"此第二境也。"众里寻他千百度，蓦然回首，那人却在灯火阑珊处。"此第三境也。（王国维）

夫仁者，己欲立而立人，己欲达而达人。（孔子）

希望是生命的源泉，失去它生命就会枯竭。（富兰克林）

书山有路勤为径，学海无涯苦作舟。（韩愈）

一个人追求的目标越高，他的才力就发展得越快，对社会就越有益。（高尔基）

劳动一日，可得一夜的安眠；勤劳一生，可得幸福的长眠。（达·芬奇）

世界上最快乐的事，莫过于为理想而奋斗。（苏格拉底）

以热爱祖国为荣，以危害祖国为耻。以服务人民为荣，以背离人民为耻。以崇尚科学为荣，以愚昧无知为耻。以辛勤劳动为荣，以好逸恶劳为耻。以团结互助为荣，以损人利己为耻。以诚实守信为荣，以见利忘义为耻。以遵纪守法为荣，以违法乱纪为耻。以艰苦奋斗为荣，以骄奢淫逸为耻。（胡锦涛）

心动行动

请同学们朗读下面的文章，体会情感，练习演讲。

责任与义务

责任是什么？责任就是做分内事，就是尽天职。

义务是什么？义务就是尽法律和道德上的责任。

责任是人生中无形的、沉甸甸的担子，不管你拥有宽阔的肩膀，还是瘦弱的身躯，它都等着你挑起来。

义务是生命里一支凝重的歌，不管你用激昂的旋律，还是用纯朴的曲调，它都等待你唱起来。

仰望历史星空，古代无数志士仁人用鲜血和生命来诠释责任和义务。陆游诗云"位卑未敢忘忧国"，顾炎武慨叹"天下兴亡，匹夫有责"，林则徐践行"苟利国家生死以，岂因祸福避趋之"。而今，俯瞰神州大地，许许多多普通劳动者用心血和汗水为祖国建设添砖加瓦，尽责尽力。

尽责任你会变得崇高，尽义务你会收获快乐；趋向崇高，收获快乐，谁不乐意呢？

责任不可推卸，义务应该履行。为成为受企业欢迎的员工，为承担未来的社会责任，为对自己的人生负责，我们应该自觉磨炼身心意志，让自己成熟起来。

任务二 口语交际

即席发言

范例借鉴

英雄的壮举 时代的赞歌

武汉大学教授 黄钊

我国古代儒家先哲大力倡导“仁爱”精神，孔子说：“志士仁人，无求生以害仁，有杀身以成仁。”孟子说：“生我所欲也，义亦我所欲也。二者不可兼得。舍生而取义者也。”文天祥高唱《正气歌》表达了对“浩然正气”的真诚追求与向往。这种为正义事业英勇赴难的精神，成为我们民族成就一切正义事业、自立于世界民族之林的精神支柱，值得我们好好珍惜，世代相承。长江大学“见义勇为”大学生群体英雄的光辉事迹，乃是我们民族传统的见义勇为美德发扬光大的具体写照，是传统美德转化为现代价值的一支颂歌。

有人提出，三名大学生用自己宝贵的生命，换得两位落水少年的生命，值不值得？提出这类问题的人，在思维方式上犯了一个重大的错误，那就是他们只看到个体的价值，而忽视了社会的价值。从个体价值来看，似乎得不偿失。但是，从社会的价值来看，他们英勇赴难，向社会昭示了“见义勇为”道德行为的无比高尚性。若将这种“值不值得”的思维模式扩展开去，那么我们的社会必将到处出现“见义不为”、“见死不救“的丑恶现象，其结果必将使社会风尚日益沦丧，道德堕落的现象泛滥成灾，这样，我们的社会哪里还有文明进步可言呢？所以，那种对于舍生忘死、见义勇为的壮烈行为，只考虑个体价值而忘记社会道德取向的整体价值，大错特错，必须帮忙纠正过来，引导人们正确看待见义勇为行为的高尚道德性。

最后，让我用一首小诗在表达我对三位英雄的怀念之情。

三星陨落震荆楚，长江汉水悲泪流。

英雄浩气动天地，忠魂义胆耀千秋。

点评

此文是湖北教育专家黄钊在长江大学“10·24”大学生英雄集体先进事迹研讨会上的精彩发言。发言首先围绕“生死关”这一话题引用名人名言，进而指出：“大学生群体英雄的光辉事迹，乃是我们民族传统的见义勇为美德发扬光大的具体写照”，“是传统美德转化为现代价值的一支颂歌”，论述既简洁精彩又富有文采。结尾处用一首小诗的怀念之情，隽永雅致，韵味悠长，感情真挚而又深沉，感召力较强。

知识链接

说话是一门艺术，而即席发言更是一门高超的语言表达艺术。具有由境而发、随机应变、短小精悍的特点，它是人们工作和生活中的常事，是信息沟通、人际交往的渠道和桥梁。因此，成为当代社会人人必备的一项口语交际技能。对于中职生而言，尤其要熟练掌握即席发言的基本原则与技巧。

1．即席发言的基本原则

即席发言是一种在特定情景下事先没有准备的临场说话的口语样式。但即席发言不是随性而发，不是滔滔不绝、口若悬河，它要求发言人能表达一些有价值的观点并且让听众能够接受，这就需要注意即席发言的基本原则。

（1）话由旨遣，态度明确。主题是即席发言最主要、最关键的内容，是整个表达的根本依据。

（2）话有条理，纲举目张。即席发言要特别注意话语的逻辑关系、内容，层次。

（3）话贵情真，得体适度。在即席发言过程中，要使对方感受到情感的真实。

2．即席发言的技巧

即席发言有一定的难度，因此掌握一些即席发言的技巧是十分必要的。

（1）发言前，学会倾听。在即席发言时要首先学会听，听可以了解对方，可以收集信息，认真地倾听更可以赢得尊重。

（2）开场白，引发共鸣，导入主题。即席发言没有太多时间作准备，说话者不可能对所讲的语句精雕细琢，当受到场景激发或被人邀请讲话时，不可能在开场白上占用太多的时间，只要能快速切入主题，引发听众兴趣即可。

（3）发言中，定主题，选材料，巧安排，递真情。即席发言的内容不必多，要在很短的时间内围绕中心，快速选材与组材，并有条理地展开话题，清楚、准确地表达自己的思想与意见，用良好的表达方式加强与听众思想情感的交流。

（4）结束语，如果不能精彩绝伦，就要礼多人不怪。发言结尾要干净利索，或在达到高潮时戛然而止，言不必尽，给人留下思考和想象的空间。

任务实施

任务设计：讨论会——说成语

任务目标：

1．进一步掌握即席发言的技巧。

2．训练学生口头表达能力、语言组织能力。

实施步骤：

1．布置成语话题，把同学们分成四组，每组选取给定成语内容，学生思考讨论 3 分钟。

第一组，王婆卖瓜/自卖自夸。

第二组，近朱者赤/近墨者黑。

第三组，班门弄斧/狐假虎威。

第四组，滥竽充数/异想天开。

2．学生以小组为单位，各推选一位同学上台发言，每个同学发言不超过2分钟。要说出每组对所给成语的理解。

3．集体讨论评议。

（1）学生发言，指出即席发言者的具体表现。

（2）教师讲评，主要就讲话人的表情动作、思维方向和口语特点发表意见，指出即席发言的一般要求。尽量让每个学生都动起来，给学生一定的练习实践。教师及时点拨，渗透口语交际的基本要求。

任务三　应用文写作

与人方便自己方便——条据

读读想想

请　假　条

王老师：

我想请假，本来我是不想的，但今天确实不能到校上学，特向你请假，请你批准。

祝：工作顺利、生活愉快！

学生：小风

即日

思考：上面的这则请假条合格吗？

写作导航

1．概念解说

请假条是请求准假不参加某项工作学习或活动的应用文。请假条通常分为事假条、病假条，写时统称“请假条”。

2．格式内容

请假条的写作格式与内容如下：

请假条 敬爱的张老师： 我因昨天放学途中遭淋雨而感冒，校医嘱咐要休息，特此请假两天，请批准。 附：校医务室证明。 此致 敬礼！ 学生：张明 2013年月11月5日	1．标题：写明“请假条”，在文的正中间。 2．称谓：写明向谁请假，即单位有关部门或领导。 3．正文：陈述请假理由，请假起止日期等有关情况。结尾处常用“请批准”、“请予批准”等习惯用语。 4．礼貌用语：一般使用“此致”、“敬礼”，也有省略不用的。“此致”空两格写，“敬礼”另起一行顶格写。 5．署名、日期：写明请假人姓名、日期。

范例参考

请　假　条

张老师：

昨天放学后，我突然腹痛不止。经医生检查是患急性肠炎，不能上学。特需请假肆天（19～22日），敬请批准。

此致

敬礼

附：××医院病情证明单壹张

学生：×××

×月×日

温馨提示

1. 请假条内容较少，不用分段。
2. 语言要朴实简单，不用作无谓的修饰。
3. 相关证明也可以附带上交，有说服力，更容易得到批准。
4. 写请假条首先应实事求是，不能弄虚作假。

动手写写

修改下面的一则请假条。

王老师： 我因身体不适，不能坚持上课，请假一天，请批准。 学生：李兰兰 2013年2月28日	修改如下： 1. ____________ 2. ____________ 3. ____________

借　条

读读想想

写出下列数字的大写。

1（　　）　2（　　）　3（　　）　4（　　）　5（　　）　6（　　）

7（　　）　8（　　）　9（　　）　10（　　）

写作导航

1. 概念解说

借到个人或单位的钱物时所写的条据是一种非正式契约，通常在归还了钱物后，由立据者收回或当场销毁。

2．格式内容

借条的写作格式与内容如下：

借　　条 今借到教务处三洋牌 8080 双声道收录机贰部，海鸥牌 DF205 照相机叁部。于 2012 年 5 月 7 日前送还。 11 机制 12 班 经手人：×× 2012 年 3 月 2 日	1．标题：借条 2．标明条据的性质：在第一行的开头写明“今借到”，如果是替别人代借，应在“借”前加“代”字。 3．正文：写明被借单位的名称或个人姓名、借款数额或物品名称及数量、归还的具体期限。正文之后可以加“此据”二字。 4．落款：署名和日期。 注意：如是单位，除盖公章外，还应写明经办人姓名。

范例参考

借　　条

今借到李乌有（身份证号码：21011219××××××××××）现金人民币伍拾肆万陆仟圆整（546000 元），年利 8%，2014 年 4 月 12 日前本息一并归还。

此据

借款人：陈何乡（签字　按印）

（身份证号码：21011119××××××××××）

2013 年 03 月 12 日

温馨提示

1．语言简洁明了，短小精悍。
2．字据文面要干净，不许涂改。
3．金额需大写。

动手写写

请修改以下一则借条。

借　　条 今借到李先生人民币 5 000 元，本月底如数还清。此据。 借款人：邓力（盖章）	修改如下： 1．__________ 2．__________ 3．__________

任务四 语文综合实践

现实之路—— 演讲“诚信与就业”

场景案例

➲ **案例一**

某单位拟招聘一名毕业生，结果报名人数达40多个，其中绝大多数是研究生。参加面试时，看过材料的一位主考官问：“听说你在班上的成绩是全班第四名？”这位学生说：“不对，我的成绩是全班第十四名。”（事实上是考官浏览面试材料后没有记准确，倒不是有意这样）。考官随后翻阅材料，发现是自己弄错了。结果这位本科学历的男生因在面试时诚实而取得这一职位。

➲ **案例二**

毕业生求职的第一道关口是向招聘单位提供自荐材料，不少招聘单位也是据此了解、评价、衡量毕业生的基本素质和能力，并决定是否给予面试机会，进而影响到录用。基于此，一些毕业生为了能在众多的应聘者中引起用人单位的关注和重视，就使出浑身解数使自己的材料精彩夺目、完美无缺。大致表现为四种情况：一是编造履历；二是伪造各类等级证书；三是虚构荣誉；四是拔高自己的专长。

天津高新技术产业园区管委会在2004年招聘时曾收到近百份大学毕业生个人简历，但在这些应聘材料中，竟有4人同时为一所学校的学生会主席，3人同时为某班的团支部书记。

点评

案例一向我们展示了诚实赢得工作、成就自身价值的成功范例。案例二则用数字告诉我们就业过程中不诚信的表现。诚信之所以为单位所看重，是因为个人的诚信直接影响到单位的诚信，而单位的诚信直接影响到企业的生存与发展。希望谋求理想职业的学生，必须在诚信上下工夫，做人、处事努力做到坦诚真实、言行一致，将会自己受益终生。

知识链接

一、什么是诚信

在古汉语中，“诚”与“信”起初是两个词，分开使用，后来两个词连用，合为一个词。孟子、荀子都对“诚”有过论述，在《礼记·中庸》里，“诚”成为礼的核心范畴和人生的最高境界。宋代周敦颐进一步认为“诚”为“五常之本，百行之源也”。马克思主义伦理学批判地继承了“诚”这个范畴，肯定诚实是社会公德中的一个重要规范。在长期的社会生活中，诚实之主要的道德要求逐渐明晰为：忠诚、正直、老实。

“信”的含义与“诚”、“实”相近。孔子认为，“信”是“仁”的体现，“人而无信，不知其可也”。汉代董仲舒将“信”与仁、义、礼、智并列为“五常”，视为最基本的社会行为规范。“信”要求诚实，表里如一，言行一致。

由此看来，传统伦理将诚信作为人的一种基本品质，认为诚实是取信于人的良策，是处己立身，成就事业的基石。

二、诚信与就业的关系

诚信，不仅要说在口头上，更要落实在行动上，后者尤为重要。周恩来同志曾经说过：“坐着谈，何如起来行？”诚信，必须从我做起，从现在做来，从一点一滴做起。诚信是为人之本，诚信是就业的重要条件。一言以蔽之，诚信学习，诚信就业，诚信工作，诚信为人。我相信，今天做到诚信的学生，明天一定能找到理想的工作，也一定能取得突出的成就。

任务实施

活动设计：演讲“诚信与就业”

活动准备：

1．资料收集：全班分成两个小组，分别收集就业中诚信和非诚信的实例。

2．交流讨论：两小组分别选派代表讲述资料，大家讨论诚信在就业过程中的重要性。

3．创作素材：以“诚信与就业”为主题，撰写演讲稿。

活动步骤：

1．每个小组长负责组织自己的组员完成本组任务，教师做好监督和指导工作。

2．讨论总结：把同学们讨论的内容总结归纳。

3．演讲评比：每组选出3篇演讲稿的佳作，共由6名同学进行演讲比赛，以团体成绩评出优秀小组

4．通过写作演讲稿，让同学们深刻地认识到诚信与就业的重要性，要从自我做起，从现在做起。

Ⅳ 服务篇

勤恳乐业

殷殷寄语

简单事重复做

一位著名的推销大师，他在某市最大的体育馆，做告别职业生涯的演说。

那天，会场座无虚席，人们在急切地等待着这位伟大推销员的精彩演讲。大幕徐徐拉开，舞台的正中央吊着一个巨大的铁球。

主持人对观众说："请两位身体强壮的人到台上来。"转眼间已有两名动作快的年轻人跑到台上。

推销大师这时开口了："请你们用这个大铁锤，去敲打那个吊着的铁球，直到把它荡起来。"

一个年轻人先拿起铁锤，拉开架势，抡起大锤，全力向那吊着的铁球砸去。但一声震耳的响声后，那吊着的铁球却纹丝不动。他接着用大铁锤不断砸向铁球，铁球还是不动。很快他就气喘吁吁了。另一个人也不示弱，接过大铁锤把铁球打得叮当响，可是铁球仍旧一动不动。

这时，老人从上衣口袋里掏出一个小锤，对着铁球"咚"敲了一下，停顿一下，再用小锤"咚"敲了一下。人们奇怪地看着，老人就这样自顾自地不断敲下去。10 分钟过去了，20 分钟过去了，会场早已开始骚动，有的人干脆叫骂起来，人们用各种声音和动作发泄着不满。

老人却不闻不问，只管一小锤一停地工作着，大概在老人进行到 40 分钟的时候，坐在前面的一个妇女突然尖叫一声："球动了！"接着，铁球在老人一锤一锤地敲打中越荡越高，它拉动着那个铁架子"哐哐"作响，它的巨大威力强烈地震撼着在场的每一个人。

老人开口讲话了。他的告别演讲只有一句话："在人生的道路上，如果你没有耐心去等待成功的到来，那么，你只好用一生的耐心去面对失败。"

任务一 阅读与欣赏

十九 敬业与乐业

梁启超

学习提示

本文是一篇关于人生与事业关系的演讲词。文章首先提出了“敬业乐业”的主旨，然后分别谈论了“有业”、“敬业”和“乐业”三个问题，最后用“责任心”和“趣味”总结精髓，收束全文。全文主旨鲜明，层次清晰，深入论述了敬业与乐业的重要性，殷切地希望大家发扬敬业与乐业精神，去过人类合理的生活。

认真地选择自己的职业，爱岗敬业，在工作中充分发挥自己的光和热，是人生观的真实体现，也是人生自我价值的最好实现方式。通过本文的学习，让我们一起来感知先哲的思想风采，品味哲理，完善自己的学习精神和生活态度，丰富个性内涵吧。

原文品读

我这题目，是把《礼记》里头“敬业乐群”和《老子》里头“安其居，乐其业”那两句话，断章取义造出来的。我所说的是否与《礼记》《老子》原意相合，不必深求；但我确信“敬业乐业”四个字，是人类生活的不二法门。

本题主眼，自然是在“敬”字、“乐”字。但必先有业，才有可敬、可乐的主体，理至易明。所以在讲演正文以前，先要说说有业之必要。

孔子说：“饱食终日，无所用心，难矣哉！”又说：“群居终日，言不及义，好行小慧，难矣哉！”孔子是一位教育大家，他心目中没有什么人不可教诲，独独对于这两种人摇头叹气说道：“难！难！”可见人生一切毛病都有药可医，唯有无业游民，大圣人碰着他，也没有办法。

唐朝有一位名僧百丈禅师，他常常用两句格言教训弟子，说道：“一日不做事，一日不吃饭。”他每日除上堂说法之外，还要自己扫地、擦桌子、洗衣服，直到八十岁，日日如此。有一回，他的门生想替他服务，把他本日应做的工悄悄地都做了，这位言行相顾的老禅师那一天便不肯吃饭。

我征引儒门、佛门这两段话，不外证明人人都要有正当职业，人人都要不断地劳作。倘若有人问我：“百行什么为先？万恶什么为首？”我便一点不迟疑答道：“百行业为先，万恶懒为首。”没有职业的懒人，简直是社会上的蛀米虫，简直是“掠夺别人勤劳结果”的盗贼。我们对于这种人，是要彻底讨伐，万不能容赦的。今日所讲，专为现在有职业及现在正做职业上预备的人——学生——说法，告诉他们对于自己现有的职业应采何种态度。

第一要敬业。敬字为古圣贤教人做人最简易、直捷的法门，可惜被后来有些人说得太精微，倒变不适实用了。唯有朱子解得最好，他说："主一无适便是敬。"用现在的话讲，凡做一件事，便忠于一件事，将全副精力集中到这事上头，一点不旁骛，便是敬。业有什么可敬呢？为什么该敬呢？人类一面为生活而劳动，一面也是为劳动而生活。人类既不是上帝特地制来充当消化面包的机器，自然该各人因自己的地位和才力，认定一件事去做。凡可以名为一件事的，其性质都是可敬。当大总统是一件事，拉黄包车也是一件事。事的名称，从俗人眼里看来，有高下；事的性质，从学理上解剖起来，并没有高下。只要当大总统的人，信得过我可以当大总统才去当，实实在在把总统当做一件正经事来做；拉黄包车的人，信得过我可以拉黄包车才去拉，实实在在把拉车当做一件正经事来做，便是人生合理的生活。这叫做职业的神圣。凡职业没有不是神圣的，所以凡职业没有不是可敬的。唯其如此，所以我们对于各种职业，没有什么分别拣择。总之，人生在世，是要天天劳作的。劳作便是功德，不劳作便是罪恶。至于我该做哪一种劳作呢？全看我的才能何如、境地何如。因自己的才能、境地，做一种劳作做到圆满，便是天地间第一等人。

怎样才能把一种劳作做到圆满呢？唯一的秘诀就是忠实，忠实从心理上发出来的便是敬。《庄子》记佝偻丈人承蜩的故事，说道："虽天地之大，万物之多，而唯吾蜩翼之知。"凡做一件事，便把这件事看做我的生命，无论别的什么好处，到底不肯牺牲我现做的事来和他交换。我信得过我当木匠的做成一张好桌子，和你们当政治家的建设成一个共和国家同一价值；我信得过我当挑粪的把马桶收拾得干净，和你们当军人的打胜一支压境的敌军同一价值。大家同是替社会做事，你不必羡慕我，我不必羡慕你。怕的是我这件事做得不妥当，便对不起这一天里头所吃的饭。所以我做这事的时候，丝毫不肯分心到事外。曾文正说："坐这山，望那山，一事无成。"一个人对于自己的职业不敬，从学理方面说，便亵渎职业之神圣；从事实方面说，一定把事情做糟了，结果自己害自己。所以敬业主义，于人生最为必要，又于人生最为有利。庄子说："用志不分，乃凝于神。"孔子说："素其位而行，不愿乎其外。"所说的敬业，不外这些道理。

第二要乐业。"做工好苦呀！"这种叹气的声音，无论何人都会常在口边流露出来。但我要问他："做工苦，难道不做工就不苦吗？"今日大热天气，我在这里喊破喉咙来讲，诸君扯直耳朵来听，有些人看着我们好苦；翻过来，倘若我们去赌钱去吃酒，还不是一样在劳神费力？难道又不苦？须知苦乐全在主观的心，不在客观的事。人生从出胎的那一秒钟起到绝气的那一秒钟止，除了睡觉以外，总不能把四肢、五官都搁起不用。只要一用，不是劳神，便是费力，劳苦总是免不掉的。会打算盘的人，只有从劳苦中找出快乐来。我想天下第一等苦人，莫过于无业游民，终日闲游浪荡，不知把自己的身子和心子摆在哪里才好，他们的日子真难过。第二等苦人，便是厌恶自己本业的人，这件事分明不能不做，却满肚子里不愿意做。不愿意做逃得了吗？到底不能。结果还是皱着眉头，哭丧着脸去做。这不是专门自己替自己开玩笑吗？我老实告诉你一句话："凡职业都是有趣味的，只要你肯继续做下去，趣味自然会发生。"为什么呢？第一，因为凡一件职业，总有许多层累、曲折，倘能身入其中，看它变化、进展的状态，最为亲切有味。第二，因为每一职业之成就，离不了奋斗；一步一步奋斗前去，从刻苦中将快乐的分量加增。第三，职业性质常常要和同业的人比较骈进，好像赛球一般，因竞胜而得快乐。第四，专心做一职业时，把许多游思、妄想杜绝了，省却无限闲烦恼。孔子说：“知之者不如好之者，好之者不如乐之者。”人生能从自己职业中领略出趣味，生活才有价值。孔子自述生平，说道：“其为人也，发愤忘食，乐以忘忧，不知老之将至云尔。”这种生活，真算得人类理想的生活了。

我生平最受用的有两句话：一是“责任心”，二是“趣味”。我自己常常力求这两句话之实现与调和，又常常把这两句话向我的朋友强聒不舍。今天所讲，敬业即是责任心，乐业即是趣味。我深信人类合理的生活应该如此，我望诸君和我一同受用！

知识链接

1. 本文选自《饮冰室合集》第十四册（上海中华书局，1941 年版），是梁启超先生 1922 年对上海中华职业学校学生所作的一次演讲。

2. 上海中华职业学校，于 1918 年 5 月由黄炎培发起的中华职业教育社创办，校址在上海陆家浜。以黄炎培提出的“敬业乐群”为校训，提倡“手脑并用”、“双手万能”，着重理论联系实际，重视生产劳动实习和职业道德。这是中国近现代史上以试验、总结、推广职业教育而著称的一所中等专业学校。

3. 梁启超（1873 年 2 月 23 日—1929 年 1 月 19 日），近代著名思想家，学者。字卓如，号任公，别号饮冰子、哀时客、饮冰室主人、自由斋主人等，广东新会人。12 岁中秀才，17 岁中举，次年访康有为。戊戌政变后，出亡日本，广读西书。1902 年创《新民丛报》。1912 年回国，1918 年至 1920 年旅欧，回国后不遗余力地从事讲学和著述，研究重点为先秦诸子、清代学术、史学和佛学。1922 年起在清华学校兼课，1925 年应聘任清华国学研究院导师。1927 年，离开清华研究院。1929 年病逝。梁启超一生著述等身，主要著作收入《饮冰室合集》，计 148 卷，1000 余万字。

字词过关

1. 给下列加点字注音

容赦（　　）（　　）	旁骛（　　）（　　）
佝偻（　　）（　　）	成蜩（　　）（　　）
倘若（　　）（　　）	亵渎（　　）（　　）
层累（　　）（　　）	骈进（　　）（　　）
强聒（　　）（　　）	

2. 解释下列词语

敬业乐群　断章取义　不二法门　主眼　理至易明

言行相顾　蜩翼　征引　心无旁骛　亵渎　强聒不舍

任务实施

听： 文章提出了哪些关于敬业和乐业的观点，请找出来；你最信服哪一点，请说说理由。

说： 演讲最后，作者言简意赅地把“敬业与乐业”总结为“责任心”和“趣味”，说“我深信人类合理的生活总该如此”。那么，你认为“人类合理的生活”应该是怎样的？

读： 这篇演讲词语言表达通俗浅显，大量引用经典、格言。请反复诵读并记忆。

写： 1. 文中说：“事的性质，从学理上解剖起来，并没有高下。”又说：“我信得过我当木匠的做成一张好桌子，和你们当政治家的建设成一个共和国同一价值。”而拿破仑有句名言说：“不想当元帅的士兵不是好士兵。”对这两种人生观，你如何看待，倾向于哪一种？请从事例和道理两方面为你的看法搜求充足的证据。

2. 学习完本文，你有哪些收获？受到哪些启迪？请结合自己的人生经历写一篇随笔。

哲思驿站

一位老板在视察车间的时候发现：包装流水线上的两个工人也在忙碌着，但是却和别人的面无表情不同，他们脸上洋溢着灿烂的笑容。

于是他走过去问道：“你们是新来的吧？”其中的一个工人说：“不是啊，我来六个多月了，他时间更长，一年多了。”

老板问：“包装工作又累又枯燥，很多人干不了几天就想调到别的部门，你们为什么会这么开心？”

一个工人说道：“那要看怎么对待这份工作了，那些成天在办公室工作的人不枯燥吧，但还是一张苦瓜脸，自己多想想办法，干什么工作都会乐趣横生。”

另一个说：“我和他在比包装速度和质量呢。输了晚上请客，他已经欠我两顿饭了。”

另一个说：“要不是我实验我的新包装方法我才不会输给你呢！不过也没什么，这个月我完成的工作量又比别人多很多，多出来的钱够请你吃半个月的。重要的是干活带劲。”

老板被两个朴实的工人的谈话打动了，后来他俩一位被升为包装部车间主任，另一位被升为包装部经理。正是这种充满热情的干劲才让他们在最枯燥的工作岗位上做出了成绩。

二十 致加西亚的信

（美）阿尔伯特·哈伯德

学习提示

自问世以来，《致加西亚的信》一书以各种方式在全世界广为流传，成为有史以来最畅销的书籍之一。文章开篇借罗文的事迹提出全文的论点：忠于上级的托付，迅速地采取行动，全力以赴地完成任务。接着通过反面例子论述了现实生活中缺少能够“把信送给加西亚的人”。最后得出结论：罗文这样的人永远不会被解雇，也永远不会为加薪而罢工。世界呼唤“把信送给加西亚的人”。

总有一天我们要步入职场，每个人都希望能够有所建树，而现实是残酷的，如何成为老板器重的人？如何取得职场的成功呢？或许《致加西亚的信》能给我们一些启示。

原文品读

在所有与古巴有关的事情中，有一个人常常令我无法忘怀。

美西战争爆发以后，美国必须马上与西班牙反抗军首领加西亚将军取得联系。加西亚将军隐藏在古巴辽阔的崇山峻岭中——没有人知道确切的地点，因而无法送信给他。但是，美国总统必须尽快地与他建立合作关系。

怎么办呢？

有人对总统推荐说：“有一个名叫罗文的人，如果有人能找到加西亚将军，那个人一定就是他。”

于是，他们将罗文找来，交给他一封信——写给加西亚的信。关于那个名叫罗文的人，如何拿了信，将它装进一个油纸袋里，打封，吊在胸口藏好，如何在三个星期之后，徒步穿越一个危机四伏的国家，将信交到加西亚手上——这些细节都不是我想说明的，我要强调的重点是：

美国总统将一封写给加西亚的信交给了罗文，罗文接过信后，并没有问：“他在哪里？”

像罗文这样的人，我们应该为他塑造一座不朽的雕像，放在每一所大学里。

年轻人所需要的不仅仅是学习书本上的知识，也不仅仅是聆听他人的种种教诲，而更需要一种敬业精神，对上级的托付，立即采取行动，全心全意去完成任务——“把信送给加西亚”。

加西亚将军已不在人世，但现在还有其他的“加西亚”。没有人能经营好这样的企业—— 虽然需要众多人手，但是令人吃惊的是，其中大部分人碌碌无为，他们要么没有能力，要么根本不用心。

懒懒散散、漠不关心、马马虎虎的工作态度，对于许多人来说似乎已经变成常态。除非苦口婆心、威逼利诱地强迫他们做事，或者，请上帝创造奇迹，派一名天使相助，否则，这些人什么也做不了。

不信的话我们来做个试验：

此刻你正坐在办公室里——有 6 名职员在等待安排任务。你将其中一位叫过来，吩咐他说：“请帮我查一查百科全书，把克里吉奥的生平做成一篇摘要。”

他会静静地回答：“好的，先生。”然后立即去执行吗？

我敢说他绝对不会，他会用满脸狐疑的神色盯着你，提出一个或数个问题：“他是谁呀？”“他去世了吗？”“哪套百科全书？”“百科全书放在哪儿？”“这是我的工作吗？”“为什么不叫乔治去做呢？”“急不急？”“你为什么要查他？”

我敢以十比一的赌注跟你打赌，在你回答了他所提出的问题，解释了如何去查那些资料以及为什么要查的理由之后，那个职员会走开，去吩咐另外一个职员帮助他查某某的资料，然后回来告诉你，根本就没有这个人。当然，我也许会输掉赌注，但是根据平均率法则，我相信自己不会输。

真的，如果你很聪明，就不应该对你的“助理”解释，克里吉奥编在什么类，而不是什么类，你会面带笑容地说：“算啦。”然后自己去查。

这种被动的行为，这种道德的愚行，这种意志的脆弱，这种姑息的作风，有可能将这个社会带到“三个和尚没水喝”的危险境界。

如果人们都不能为了自己而自动自发，你又怎么能期待他们为别人服务呢？

乍看起来，任何一家公司都有可以分担工作的人选，但事实真的如此吗？你登广告征求一名速记员，应征者中，十有八九不会拼也不会写，他们甚至认为这些都无所谓。

这种人能把信带给加西亚吗？

“你看那个职员。”一家大公司的总经理对我说。

“看到了，怎么样？”

“他是个不错的会计，但是，如果我派他到城里去办个小差事，他也许能够完成任务，但也可能中途走进一家酒吧。而到了闹市区，他甚至可能完全忘记自己是来干什么的。”

这种人你能派他送信给加西亚吗？

最近，我们经常听到许多人对那些“收入微薄而毫无出头之日”以及“但求温饱却无家可归”的人表示同情，同时将那些雇主骂得体无完肤。

但是，从没有人提到，有些老板如何一直到白发苍苍，都无法使那些不求上进的懒虫勤奋起来；也没有人谈及，有些雇主如何持久而耐心地希望感动那些当他一转身就投机取巧、敷衍了事的员工，使他们能振作起来。

在每家商店和工厂，都有一些常规性的调整过程。公司负责人经常送走那些无法对公司有所贡献的员工，同时也吸纳新的成员。无论业务如何繁忙，这种整顿一直在进行着。只有当经济不景气，就业机会不多的时候，这种整顿才会有明显的效果——那些无法胜任工作、缺乏才干的人，都被摒弃在工厂的大门之外，只有那些最能干的人才会被留下来。为了自己的利益，每个老板只会留住那些最优秀的职员——那些能“把信送给加西亚”的人。

我认识一个十分聪明的人，但是他却缺乏自己独立创业的能力，对他人来说也没有丝毫价值，因为他总是偏执地怀疑自己的老板在压榨他，或者有压榨他的意图。他既没有能力指挥他人，也没有勇气接受他人的指挥。如果你让他“送封信给加西亚”，他的回答极有可能是：“你自己去吧。”

我知道，与那些四肢残缺的人相比，这种思想不健全的人是不值得同情的。相反，我们应该对那些用毕生精力去经营一家大企业的人表示同情和敬意：他们不会因为下班的铃声而放下工作。他们因为努力去使那些漫不经心、拖拖拉拉、被动偷懒、不知感恩的员工有一份工作而日增白发。许多员工不愿意想一想，如果没有老板们付出的努力和心血，他们将挨饿和无家可归。

我是否说得太严重了？不过，即使整个世界变成一座贫民窟，我也要为成功者说几句公道话——他们承受了巨大的压力，导引众人的力量，终于取得了成功。但是他们从成功中又得到了什么呢？一片空虚，除了食物和衣服以外，一无所有。

我曾为了一日三餐而为他人工作，也曾当过老板，我深知两方面的种种酸甜苦辣。贫穷是不好的，贫苦是不值得赞美的，衣衫褴褛更不值得骄傲；但并非所有的老板都是贪婪者、专横者，就像并非所有的人都是善良者一样。

我钦佩那些无论老板是否在办公室都努力工作的人，我敬佩那些能够把信交给加西亚的人。他们静静地把信拿去，不会提任何愚笨的问题，更不会随手把信丢进水沟里，而是全力以赴地将信送到。这种人永远不会被解雇，也永远不必为了要求加薪而罢工。

文明，就是孜孜不倦地寻找这种人才的一段长久的过程。

这种人无论有什么样的愿望都能够实现。在每个城市、村庄、乡镇，以及每个办公室、商店、工厂，他们都会受到欢迎。世界上急需这种人才，这种能够把信送给加西亚的人。

谁将把信送给加西亚？

知识链接

1. 本文节选于《致加西亚的信》（长江文艺出版社，2009 年版），是出版家阿尔伯特·哈伯德与家人喝茶聊天时，受儿子观点启发而作，最早于 1899 年 2 月刊登在一本叫《菲士利人》的杂志上。它宣扬了一种流传百年的管理理念和工作方法，蕴涵着企业成功和个人发展双赢的真谛。

2. 阿尔伯特·哈伯德（1856 年 7 月 19 日—1915 年 5 月 7 日），美国著名出版家和作家，《菲士利人》、《兄弟》杂志的总编辑，罗伊克夫特出版社创始人。

哈伯德在塔福学院获得学士学位，又在芝加哥大学获得法学博士学位。他曾经做过教师、出版商、编辑和演说家。1895 年，在纽约东奥罗拉创立了罗伊克夫特公司，制造和销售各种手工艺品，随后又开设了一家印刷装订厂。1899 年，《致加西亚的信》大获成功，现已成为有史以来最畅销的书籍之一。

哈伯德终生致力于出版和写作，除了为自创的两份杂志撰稿外，其主要著作还有《短暂的旅行》、《现在的力量》、《自己是最大的敌人》、《一天》等。1915 年 5 月 7 日，哈伯德和他的妻子乘坐路西塔尼亚号客轮不幸在爱尔兰海遇难。

3. 安德鲁·罗文，弗吉尼亚人，1881 年毕业于西点军校。作为一名军人，他创造了一个可歌可泣的奇迹—— 把信送给加西亚，立功之后，被授予杰出军人勋章，后曾服役于菲律宾，因作战勇敢而受到嘉奖。从军队退役后，他在旧金山度过了他的余生，于 1943 年 1 月 10 日逝世，终年 85 岁。罗文的事迹通过《致加西亚的信》一本小册子传遍了全世界，并成为敬业、服从、勤奋的象征。

字词过关

1. 给下列加点字注音

不朽（　　）　　　聆听（　　）

教诲（　　）　　　狐疑（　　）

愚行（　　）　　　乍看（　　）

会计（　　）　　敷衍了事（　　）（　　）（　　）
摒弃（　　）　　偏执（　　）
压榨（　　）（　　）　　褴褛（　　）
专横（　　）

2．解释下列词语

崇山峻岭	碌碌无为	漠不关心	苦口婆心
威逼利诱	姑息	体无完肤	投机取巧
敷衍了事	漫不经心	褴褛	孜孜不倦

任务实施

听：课文中出现了哪些人物？他们在作者笔下是怎样的人？在这个故事中你得到了什么启示？

说：这本书能够畅销不衰的原因何在？你身边有没有罗文式的人物呢？谈一谈你的看法。

读：朗读课文，做到准确、流畅、清晰。

写：1．一些评论家认为，《致加西亚的信》是一本站在管理者角度写出的书，有失偏颇，甚至对员工是不公正的。忠诚和敬业的最大受益者是老板还是员工？请写出你的看法。

2．有这样一句话："一个和尚挑水喝，两个和尚抬水喝，三个和尚没水喝。"怎样才能让三个和尚都有水喝，而且喝得酣畅呢？把你的办法写出来。

哲思驿站

差　别

阿诺德和布鲁诺同时受雇于一家店铺，拿着同样的薪水。可是一段时间后，阿诺德青云直上，而布鲁诺却仍在原地踏步。

布鲁诺很不满意老板的不公正待遇。终于有一天，他到老板那儿发牢骚了。老板一边耐心地听着他的抱怨，一过在心里盘算着怎样向他解释清楚他和阿诺德之间的差别。

"布鲁诺，"老板说话了，"您去集市一趟，看看今天早上有什么卖的东西。"

布鲁诺从集市上回来向老板汇报说，今早集市上只有一个农民拉了一车土豆在卖。

"有多少？"老板问。

布鲁诺赶快戴上帽子又跑到集市上，然后回来告诉老板说一共有 40 袋土豆。

"价格多少？"

布鲁诺第三次跑到集市上问来了价格。

"好吧，"老板对他说，"现在你坐在椅子上别说话，看看别人怎么说。"

很快，阿诺德就从集市上回来了，向老板汇报说，到现在为止只有一个农民在卖土豆，一共 40 袋，价格和土豆质量如何，他还带回来一个让老板看看。这个农民一个钟头以后还会运来几箱西红柿，据他看价格非常公道。昨天他们铺子的西红柿卖得很快，库存已经不多了。他想这么便宜的西红柿老板肯定会要进一些的，所以他不仅带回一个西红柿做样品，而且把那个农民也带来了，他现在正在外面等回话呢。

此时，老板转向布鲁诺，说："现在你知道为什么阿诺德的薪水比你高了吧？"

二十一　自由与克制

（英）约翰·罗斯金

学习提示

自由与克制是矛盾的，也是相生相克的。从古至今，人们都在苦苦地追求自由，哪里能有毫无"克制"的"自由"？本文短小精悍，作者通过独特的视角为我们阐释了"自由与克制"的关系。学习本文，需要仔细体会自由与克制的关系，作者用了哪些论证方法来论述二者的关系的。

原文导读

明智的法律和理性的克制对一个高尚的民族来说，虽说在某种程度上不免有点累赘，但它们毕竟不是束人手足的锁链而是护身的铠甲，是力量的体现。请记住，正是这种克制的必要性，如同劳动的必要性一样，值得人类崇尚尊敬。

每天，你都可以听到无数蠢人高谈自由，就好像它是个无上光荣的东西，其实远非如此。从总体上来讲，从广义上来讲，自由并不是什么值得炫耀的东西，它不过是低级动物的一种属性而已。

任何人，伟人也罢，强者也罢，都不能像游鱼那般自由自在。人可以有所为，又必须有所不为，而鱼则可以为所欲为。集天下之王国于一体，其总面积也抵不上半个海大；纵使将世上所有的交通线路和运载工具都用上（现有的再添上将要发明出来的），也难比水中鱼凭鳍游来得方便。

你只要平心静气地想一想，就会发现，正是这种克制，而不是自由使得人类引以为荣；进而言之，即便低级动物也是如此。蝴蝶比蜜蜂自由得多，可人们却更赞赏蜜蜂，不就因为它善于遵从自己社会的某种规律吗？普天之下的自由与克制这两种抽象的东西，后者通常更显得光荣。

确实，关于这类事物以及其他类似之物，你绝不可能单单从抽象中得出最后的结论。因为，对于自由与克制，倘若你高尚地加以选择，则二者都是好的；反之，二者都是坏的。然而，我要重申一下，在这两者之中，凡可显示高级动物的特性而又能改造低级动物的，还是有赖于克制。而且，上自天使的职责，下至昆虫的劳作，从星体的均衡到灰尘的引力，一切生物、事物的权力和荣耀都归于其服从，而不是自由。太阳是不自由的，枯叶却自由得很；人体的各部分没有自由，整体却和谐；相反，如果各部分有了自由，却势必导致整体的溃散。

知识链接

约翰·罗斯金（John Ruskin，1819—1900），英国维多利亚时代伟大的作家、艺术家、艺术评论家。他一生为"美"而战斗。他的文字非常优美，色彩绚丽，音调铿锵。罗斯金的兴趣爱好涉猎范围很广，他还是哲学家、教师和业余的地质学家。代表作有《时至今日》

（1862）、《芝麻与百合》（1865）、《野橄榄花冠》（1866）、《劳动者的力量》（1871）和《经济学释义》（1872）等。

字词过关

1. 给下列加点字注音

累赘（　　）（　　）　　鱼鳍（　　）（　　）

倘若（　　）（　　）　　溃散（　　）（　　）

2. 给下列的多音字注音并组词

累　　载　　便

任务实施

听：读了本文，你觉得自由和克制有怎样的关系。

说：结合生活实际谈谈你对“明智的法规和适当的克制……是力量的体现”的理解。

读：选择拓展阅读课文中的任一篇练习朗读，做到准确、流畅、清晰、感人。

写：工整书写本文中喜欢的段落。

哲思驿站

不要过分地醉心放任自由，一点也不加以限制的自由，它的害处与危险实在不少。

——（前苏联）克雷洛夫

荣耀归于身经无数年代战斗的勇猛战士，他们已为我们保有了无价的自由遗产。

——（英）罗素

一个人的绝对自由是疯狂，一个国家的绝对自由是混乱。——（法）罗曼·罗兰

只有由受过教育的人民组成的国家才能保持自由。——（美）杰斐逊

自由不是无限制的自由，自由是一种能做法律许可的任何事的权力。

——（法）孟德斯鸠

自由固不是钱所买到的，但能够为钱而卖掉。——鲁迅

二十二　为你配副好眼镜

（日）松下幸之助

学习提示

作为世界知名的跨国企业总裁，松下幸之助非常节俭，又不太讲究形象。早年，他戴着一副不太美观的眼镜，一位眼镜商人给松下写信，要为他配一副适合其脸形的眼镜。可是，在松下看来，这只是一种简单的推销行为，没想到很久之后，眼镜商在见到松下后依然要为其配一副合适的眼镜。这位眼镜商给松下留下的除了眼镜，还有深深的感慨。

原文品读

每一个生意人都想赚钱，这是天经地义的事。可是，满脑子都是生意经，这只是一般人的想法。

很久以前，我曾接到一封从北海道的札幌市寄来的信件，内容大致如下："我是一位眼镜商人，前几天，在杂志上看到了您的照片。因为您所佩戴的眼镜不大适合脸形，希望我能为您服务，替您装配一副好眼镜。"

我认为这位特地从北海道写信给我的人，必定是位非常热心的商人，于是寄了一张谢函给他。后来我将这件事情忘得一干二净。由于应邀到札幌市演讲，不久我终于有机会一游北海道。在我演讲完毕之后，那位寄信给我的眼镜商人立刻要求与我见面。他大约60岁。当时，他对我说："您的眼镜跟那时候的差不多，请让我替您另配一副吧。"我听了着实吃了一惊。

我被他的热诚所感动，于是便说："一切就拜托您了，我会戴上您所装配的眼镜。"

那天晚上，我在旅馆的大厅跟四五个人洽谈商务。那位商人再度来找我，并且不断地找话题与我聊天。大约花了一个钟头，才完成测量脸部的平衡、戴眼镜的舒适感以及检查现在所使用的眼镜度数，并且言明16天之后将眼镜送来。临别时，他对我说："您所戴的眼镜好像是很久以前配的，说不定您现在的视力已经改变了。假若不麻烦的话，请您驾临本店一趟，只要花费10分钟的时间就可以了。"因为10分钟并不妨碍我的行程，于是我跟他约好在回大阪之前，去他的店铺拜访。

翌日，临去飞机场之前，我来到了他的店铺。走近一瞧，真是吓我一大跳。那间店铺位于札幌市类似东京银座或是心斋桥的繁华街道上，站在店铺之前，宛如置身眼镜百货公司的感觉。

我被招待进入店内之后，注意到店里大约有30位客人正看着大型电视机，耐心地等待着。这里一切的检验装置，都是世界上最精密的仪器，真是令我叹为观止。这的确是间不同凡响的眼镜行。

尤其让我佩服的是，那些只有在二三十年代才看得见的年轻店员的举止。他们那种敏捷的动作，以及待人周到的礼仪，的确让人信服，那位老板如松鼠般在店内四处穿梭不停。

不错，这的确是做生意必须具备的作风，我的内心不禁对他钦佩万分。我走近他的身边说："您的事业这么繁忙，竟然在看到杂志之后马上写信给我。我认为您的用意不只是为了做生意，到底有什么原因呢？"

老板笑着对我说："因为您经常出国，假若戴着那副眼镜出国。外国人会误以为日本没有好的眼镜行。为了避免日本受到这种低估，所以我才写信给您。"

听了这番话，我直觉地认为他是世界一流的眼镜商。就这么回去，似乎说不过去，于是我将一架新型的手提收音机留下来当礼物。

相隔10年才有北海道之行，却定制了三四年未曾变形的眼镜，而且怀着不得不馈赠礼物的心理，这种巧妙地突破常理的生意手腕，你认为如何呢？

我非常钦佩这位商人的坚定信念，并且感谢他教导我这招做生意的秘诀。我已被他处处为他人着想的观念和热诚所折服。当我也持有这种想法时，觉得自己仿佛年轻了10岁。

追求利益并不是做生意的最终目的。开阔视野，摒除铜臭味，以诚待人，努力工作，这是做生意的不二法门。

知识链接

松下幸之助（1894—1989），出生于日本和歌山县，是日本著名跨国公司“松下电器”的创始人，他首创了“事业部”、“终身雇佣制”、“年功序列”等日本企业的管理制度，是横跨明治、大正及昭和三世代的日本企业家，是松下电器、松下政经塾与 PHP（Peace and Happiness through Prosperity）研究所的创办者。他奠定了日本商业的精神，在日本被称为“经营之神”。

字词过关

给加点字注音

札幌（　　）（　　）　　应邀（　　）

着实（　　）　　妨碍（　　）（　　）

摒除铜臭（　　）　　馈赠（　　）

钦佩（　　）（　　）　　翌日（　　）（　　）

任务实施

任务设计：故事会——说“爱国”

任务目标：

1．通过讲故事，让同学们接受心灵的洗礼和思想的升华。

2．让同学们把眼光更多地投向我们的家庭、我们的周围和我们的社会那些让我们感动的有关爱国的人和事。

实施步骤：

1．老师介绍活动目的和内容。

2．选取准备好的“爱国”故事资料，随机选择同学进行朗读或统一观看视频资料。

3．了解每个人物爱国的事迹，老师组织同学进行讨论，并请同学说出自己的感悟。

哲思驿站

松下幸之助励志语录

1．智慧、时间、诚意都是企业的另一种投资。不懂这个道理的人，就不是真正的公司从业员。

2．不管别人的嘲弄，只要默默地坚持到底，换来的就是别人的羡慕。

3．顺应社会的潮流和事物的关系，才是企业得以发展的方式。

4．经营者除了具备学识、品德外，还要全心投入，随时反省，才能领悟经营要诀，结出美好的果实。

5．不论处在任何状况，都要有发现光明之路的能力，有视祸为福的坚毅决心。

6. 虽然起步迟，只要不畏挫折，坚持到底，照样能超越他人。

7. 不论是多么贤明的人，毕竟只是一个人的智慧；不论是多么热心的人，也仅能奉献一个人的力量。

8. 经营者必须对任何事的成败负责。所以，他既要充分授权，又要随时听到报告，给予适当指导。

9. 辛劳被肯定后所流露的感激，是无与伦比的喜悦。

10. 唯有懂得欣赏别人长处，才能领导更多的人。

11. 吸引人才的手段不是高薪，而是企业所树立的经营形象。要求职者有诚心，肯苦干，不一定非用有经验的人。公司应招募适用的人才，学历过高，不见得就合用。

12. 名刀是由名匠不断锻炼而成的，同样的，人才的培养也要经过千锤百炼。注重新进人员的训练和指导，因为他们的成长会带动公司的进步。训练人才应以人性为管教的模式，并确立赏罚分明的制度。

13. 没有研究心的人不会进步。所以，中央研究的成立就是要以电器的研究，来促进人类繁荣与同业的发展，就如同开发新药一样，不断研究新电器供应世人。

14. 人才是企业成败的关键，唯有顺其自然，不凭自己的好恶用人，容忍与自己个性不合的人，并尽量发挥其优点，才能造就人才。提拔年轻人时，不可只提升他的职位，还应该给予支持，帮他建立威信。

拓展阅读

二十三　爱上你的工作

（美）斯蒂芬·伦丁

学习提示

玛丽·简是一家金融担保公司的职业经理，出色地领导着一个小组的工作。然而，一切并非一帆风顺，她被提升到三楼业务部——一个被称为“有害精神垃圾场”的部门担任经理。这里死气沉沉，人数众多，绩效不佳。究竟该如何改变现状？玛丽·简陷入了困境。在朋友的启发和鼓励下，她最终选择了信心、信任和信念，积极面对，着手改变，并以一贯高效率的工作作风，让她的员工最终明白了“选择你的态度”的重要性。员工的变化开始了，而我们有理由相信，变化还将继续……

“即使无法选择工作本身，我们还可以选择自己对工作的态度。”课文以一个平实的职场故事，告诉了我们这个道理。阅读课文，要注意学习玛丽的工作态度和工作方式，为你的职业生涯作好准备。

原文导读

我们应该学会热爱自己所做的工作，即使做的是一份不太喜欢的工作，也能心甘情愿去做，凭借对工作的热爱去发掘每个人内心蕴藏着的活力、热情和巨大的创造力。

第一金融担保公司

玛丽·简供职于西雅图第一金融担保公司，在三年的工作中，她赢得了“难不倒”的美誉。她既不是第一个上班的人，也不是最后一个下班的人。她有自己的一套工作准则，那就是——今日事今日毕。她处理每一件事都细致周到，这使得其他人为提高工作效率，总是想方设法把事情交给她处理，因为他们都清楚，这能保证他们的工作在第一时间高品质地完成。

玛丽·简也是一个值得部下为之卖命的上司，她总能认真倾听同事的想法，了解部下所关心的事情；反过来，她也得到了下属的喜爱和尊敬。遇到同事的孩子生病或有重要的约会，她都能主动分担他们的工作。而作为一名职业经理，她还要领导她的部门出色地完成每一项任务。她采用一种轻松的方法，几乎不会让人产生任何的紧张感。玛丽·简的小组赢得了好评，其团队也成为全公司公认的可以委以重任的团队。

与此相反，三楼有一个运营部门，人数众多，绩效却不理想，他们与玛丽·简的团队形成了鲜明的对比，因而成为大家批评的焦点。

几个星期后，玛丽·简慎重而又有些不情愿地接受了提升：担任第一金融担保公司三楼业务部的经理。虽然公司对她接手三楼寄予厚望，但她却是硬着头皮接受了这份工作。

三　　楼

在上任后的前五周，玛丽·简的工作主要是努力去熟悉工作和周围的人。

把三楼描绘成“死气沉沉”一点都不过分。玛丽·简理不清思路，不知从何下手，但她清楚地意识到，必须尽快采取行动。她列出了下面几个问题：我的员工是否了解他们所珍视的安定可能只是一种假象？他们是否认识到市场竞争正在冲击这个行业？他们是否明白，为了公司能在快速兼并的金融服务市场竞争中生存，我们都需要加以改变？他们是否意识到，如果我们不改变，公司一旦在竞争中失败，我们就得另谋生路？

电话铃响了，她迅速抓起电话：“我是玛丽·简。”

“玛丽·简，我是比尔。”

一听是新老板的声音，玛丽·简心想：哦，天哪，又怎么了！比尔是她再三考虑是否答应在三楼工作的另一个原因。比尔享有“混混”的美誉。就她所知，他的确名副其实。他可以武断地下一堆命令、打断你的话，他还有一个让人讨厌的坏习惯，像家长一样来询问有关项目的进展情况。玛丽·简是三楼两年之中的第三位经理，她渐渐开始明白问题不全出在三楼的员工上，比尔也有问题。

“比尔，有什么问题吗？”

“大老板亲自参加了关于解决工作现场精神状态难题的会议，他大发雷霆。虽然我认为仅仅指责三楼是不公平的，但是老板好像还是认为三楼存在的问题最大。”比尔继续说。

“他单单说了三楼吗？”

“他不仅挑出了三楼，而且还给三楼取了一个特殊的名字：有害精神垃圾场。我不希望我的任何一个部门被叫做‘有害精神垃圾场’！难以忍受！这简直是耻辱！”

工作方式总是可以选择的

玛丽·简碰到了朋友朗尼，聊起了她的烦恼。朗尼说：“其实，任何人都有可能不得不做一些令人厌烦的工作。我想，即使给你一个很好的工作环境，但是如果总是一成不变的话，任何工作都会变得枯燥乏味的，假如我们赞同这个观点，那我们是不是也会同意，任何事情都可以带着活力与热情去做呢？其实，即使无法选择工作本身，我们还可以选择自己对工作的态度。”

玛丽·简反复揣摩着这些话并问道：“为什么对工作本身就无法选择呢？”

“问得好。你是可以辞职的，从这个意义上讲，你可以选择你要从事的工作。但是如果你有责任心并且考虑到其他的一些因素，也许频繁地变换工作并不是一个明智的选择。这就是我所说的工作本身无法选择的意思。而从另一个面来讲，你却总是有机会选择你自己的工作态度。”

“是的，我想我明白了。你可以选择每天工作的态度，任何一种选择都会决定你的工作方式。只要你在这里工作，你为什么不选择闻名世界而是选择甘于平庸呢？这个问题似乎是太简单了。”

要有一个良好的开端。第一个步骤是要选择我自己的态度。我选择信心、信任和信念。我要把我的生命时钟上紧发条，一边解决“有害精神垃圾场”的问题，一边享受在工作中学习和成长的乐趣。

星期一早晨

清晨5时55分，玛丽·简已坐在办公桌前，在面前摆上了一杯热气腾腾的咖啡和一个记录本。她取出一支笔，在本子上用大大的字写道：

选择你的态度

步骤：

- 召开会议，讲出自己的心里话。
- 讲一段话，使每个人了解“选择自己的态度”这个观念，并使每个人都能与自己的情况相结合。
- 提出动机。
- 坚定信念，坚持到底。

星期一早晨，员工分两组开会。当一组在会议室开会时，另一组则负责接电话——然后进行交换。

玛丽·简说：“今天，我们有一个重要的问题要进行讨论。几周前我们公司的老板参加了一个会议，回来之后，他认为第一金融担保公司必须成为一个比以前更加充满活力、更有干劲、更加热情和精力更旺盛的地方。之后他召集了一次公司领导层的会议——会上，他将我们三楼称为‘有害精神垃圾场’。真的，他称我们三楼是‘有害精神垃圾场’，而且大发雷霆，表示要清理我们。”

玛丽·简看了看大家震惊的表情。但是，没有人对被称为“有害精神垃圾场”这种说法进行反驳。

玛丽·简继续说道：“我想这件事不会就这么不了了之的。噢，公司老板可能不会一直盯着这事，比尔过一段时间也会忘掉，但我不会忘记。要知道，我对这种提法是完全同意的。我们就是‘有害精神垃圾场’，公司其他部门都害怕和我们打交道，他们也称我们这儿是‘地狱’。我想我们能够也应该改变一下这里的状况了。我也想让你们知道我们为什么要改变。”

全场鸦雀无声。

“大家都知道我的故事。丹和我带着希望、梦想和两个幼小的孩子来到这个城市，丹的突然去世给我留下的是孤独。丹的医疗保险根本不够支付巨额的医疗费用，所以我的经济状况非常糟糕。

“我已经退到底线了。我仍然需要这份工作，但是我不想在‘有害精神垃圾场’这样的地方浪费我下半辈子的时间。我认为我们能够把这里变成更好的工作场所。”

玛丽·简就“选择你的态度”的观念继续发表看法，然后她询问大家有什么问题。

史蒂夫举起手，他说：“假设我正开着汽车，一个白痴司机想在我前面加塞儿。这会让我心烦意乱，我可能会气得鸣喇叭、做手势。我想你明白我的意思。有什么可选择的？我什么也没做错，可这事就发生在我身上。我没办法选择。”

“史蒂夫，我提个问题可以吗？假设这事发生在城里治安很差的地区，你还会做这样的手势吗？”

史蒂夫微笑着说：“当然不会！那样做岂不是要挨揍了。”

“看看，你可以选择在暴力多发区的反应，难道你在治安好的地区就没有选择了吗？”

“好啦，玛丽·简，我明白你的意思了。”

“史蒂夫，你提的问题再好不过了，我们虽然不能控制其他人开车的方法，但是我们可以选择作出什么样的反应。对我们第一金融担保公司来说，虽然我们无法选择我们要从事的工作，但是我们可以选择如何对待这些工作。我希望大家开动脑筋想办法，看看你们能否想出一些能够提醒我们作出选择的事情。祝你们好运！我们的饭碗能否保得住就全靠这些办法了。”

玛丽·简已经很疲惫，但她意识到这是她第一次选择自己的态度的机会，并已付诸行动。

一周很快就过去了。玛丽·简经常利用每天在办公室与员工碰面的时间反复谈论“选择你的态度”的观点。当她遇见史蒂夫时，她说：“小伙子，在员工大会上你真的把我问倒了。”

“希望我没有让你难堪。玛丽·简，你给我的触动很大。最近，我的生活有了一系列的变化。你点醒了我，只要我有一点自制力和勇气，我就能作出重大的选择，并能做出很好的选择。”

“勇气？”

“我的人际关系没有处理好，我需要想办法改进。我现在才明白，自认倒霉或怨天尤人并不能解决任何问题。我们需要有面对困难的勇气！很抱歉我这么闪烁其词，但是这确实是我个人的问题。”

“史蒂夫，祝你好运！非常感谢你对我的信任，跟我讲了你的想法。”

“啊，玛丽·简，我们都很信任你。这份工作真是令人厌烦，大家听到的都是抱怨。我们觉得自己总是在受批评。加油干吧，我会一直支持你的！”

听到这么多鼓励的话语，玛丽·简十分高兴。虽然员工们对很多具体做法并没有把握，但大多数人喜欢这个创造愉快的工作环境的想法。

星期五发生了一件意想不到的事。玛丽·简一走出三层楼的电梯，就看见一张大海报，最顶端写着：选择你的态度。中间则写着：一天的选择菜单。菜单下面有两幅画，一幅是微笑的脸，另一幅是紧皱眉头的脸。玛丽·简欣喜若狂：他们终于明白了。

二十四 关于《把信送给加西亚》

(美)迈克·戈尔曼

学习提示

为什么一百多年来人们钟情于这个送信人？他在责任和诚信的舞台上展现了怎样的精彩？一个关于送信的传奇故事，蕴涵着企业成功和个人发展双赢的真谛。作者读《把信送给加西亚》，感悟出了“送信人”的忠诚和卓越。文章引领我们思索一个回避不了的问题：“我是能把信送给加西亚的人吗？”因为，各行各业，人们都正在寻找像罗文这样的送信人。

原文品读

一百多年前，一篇用以补白的小文章放进了杂志里得以出版，这篇看似不经意的文章却获得了永恒的生命。为什么一篇描述美国军队中一名战士的文章竟会成为世界上最畅销的出版物之一？为什么《把信送给加西亚》竟会被译成全球几乎所有语种，并且发行量能够高达上亿册？这篇文章究竟价值何在，竟能够在全球范围内造就如此巨大的轰动？

神来之笔

1899年，阿尔伯特·哈伯德在自己创办的《菲利士人》杂志上发表了一篇评论文章。文章的起因，源于哈伯德与家人喝茶时有关美西战争的一次讨论。在美西战争中，每一个人都对古巴起义军首领加西亚将军赞不绝口，称赞他在战役中的关键作用。然而，哈伯德的儿子波特语出惊人：“在我的脑海里，罗文中尉才是战争中真正的英雄，而不是加西亚将军。正是罗文把信送给了加西亚。”儿子的观点打动了哈伯德心弦，于是他一挥而就写下了这篇《把信送给加西亚》的文章。

发表后，哈伯德并不怎么关注这篇文章，直到他的公司接到了重印杂志的一个又一个的订单。越来越多的订单使得杂志迅速走红，繁重的任务几乎使公司陷于忙乱之中。

面对如此巨大的订单，哈伯德迷惑不解。他问人们，为什么会对这一期杂志如此青睐呢？他惊讶地发现：正是那篇用以补白的小文章。最后哈伯德不得不将印刷业务外包，因为公司的印刷能力承受不了。

罗文究竟做了什么

为什么故事中的罗文原本只是一个默默无闻的人会引来如此多的人的兴趣呢？原因在于每个人、每个企业、每个国家都在寻找像罗文这样的人，寻找能够把信送给加西亚的人。我们当中有没有罗文？有不对上司提出任何疑问就能“把信送给加西亚”的人吗？有不需要雇主监督就能完成自己工作的人吗？如果没有，那老板就只有事必躬亲了。

我到哪里可以找到这样的人呢？谁能把信送给加西亚？可能有一些，但十分罕见。

我可以说，现在可能就有一些“罗文”正在读这篇文章。他们是那样的人，一种异常优秀的人。异常意味着超越平常。他们不仅会做别人要求他们做的，而往往能够超乎人们的期望，不断追求卓越，把事情做得尽善尽美。

阿尔伯特·哈伯德一百多年前写就的文章就像是今日之笔。一百多年来人们并没有多少改变，难道不是吗？当我每次交付任务的时候，人们总是要问我一大堆的问题。这时候，我总是立即对自己说：“这个可怜的人不能把信送给加西亚。”

能够把信送给加西亚的人十分稀少。因为大多数人满足于平庸，对此我难以理解。

沃那·冯·布恩，美国国家宇航局太空研究和发展中心阿波罗Ⅳ项目的技术总监说：“萨顿Ⅴ（用以推动太空船发射的火箭）有 5 600 000 个部件，如果我们技术上有 99% 的可靠性，那么就可能有 56 000 个不可靠的有缺陷的部件。然而，在阿波罗Ⅳ发射的试验阶段，我们只有两个部件发现异常，这说明，可靠性达到了 99.999%。”平均每个汽车拥有 3 000 个部件，如果能够达到与萨顿Ⅴ一样的可靠性的话，那么汽车第一次出现异常情况将是在 100 年以后。

为什么我们的汽车不能够达到与萨顿Ⅴ一样的精确程度呢？因为美国国家宇航局为自己制定了一个比汽车工业更高的标准。我们必须向美国国家宇航局学习。

上天希望我们追求完美——让我们自己制定一个高于他人制定的标准。

我能把信送给加西亚

我们每个人应该扪心自问:“我是能把信送给加西亚的人吗？如果我仅仅知道他在古巴的丛林中，我能够找到他吗？如果我不认识他，也不知道他在那里，我能把信送给他吗？”只要你明白，有志者事竟成。只要你用心追求目标，你就一定能成功。

现在我们都善于寻找借口：为什么不能做期望我们做的事情？为什么不能把我们份内的工作做得更完美？诸如此类，人们有着各式各样的借口。

而如果是罗文，他决定了的事情就要做到！下定决心，作一个高标准的选择。可能事情会拖累我们，可能我们在过程中会深陷困境。有时候，我发现自己落入沼泽地，我不得不匍匐前进，有时候处境都令人绝望。但是，只要我还能够往前迈出一步，我就不会放弃，绝不会屈服。逃避不是我的选择。我会在完成任务中，会在生活的各个方面追求完美。即使跌倒，我也会再爬起来，抖落尘土，继续努力，直到成功！

如果有人让我给加西亚送信，我想我能够做到。这并不是自大，这是自信。我只知道如果你交给我一封信并且说:“把它送给加西亚。”我就一定会送到。同样，你也能够把信送给加西亚。做到最好！如果有人告诉你，你这辈子都不会成功，千万不要相信它。对这样一些话，你都不要放在心上，因为只有你自己能够决定你的成功。选择在于你！

选定目标，作出决策，然后采取行动，坚持下去，成功就不言而喻。成功是百分之一的灵感加百分之九十九的汗水。

你会在生活和工作中追求卓越吗？把信送给加西亚，你准备好了吗？

我的办公室里悬挂着这样一块铭匾，上面写着：选择过一种完美的生活，追求目标，做自己想做的梦，人人定能成功。

把信送给加西亚。

心动行动

请同学们朗读下面的文章，体会情感，练习演讲。

爱岗与奉献

雄鹰，只有在辽阔的蓝天才能翱翔；骏马，只有在广袤的草原才能奔驰。青年，只有在自己的职业岗位中才能施展才华。

职业，一个普通的词语；事业，多么神圣的字眼。是的，当我们把职业当做养家糊口和谋生的手段时，它只是一份平常的工作，一个普通的岗位；而当我们把职业当做实现梦想和人生价值的载体时，它就成了我们翱翔的蓝天、奔驰的草原、遨游的海洋……当我们怀着崇敬的心情，以高涨的热情投入工作时，你会惊喜地发现：职业没有高低之分，工作是快乐的。

只要我们热爱我们的职业，沉浸其中，就一定会从普通的职业中感受那无限的快乐，在平凡的岗位上体会到无比的幸福。追求在这里起步，理想在这里萌芽，价值在这里实现，境界在这里升华，生命在这里闪光。

尽管我们的职业生涯还没有开始，尽管我们的奋斗计划还只是一张蓝图，但要相信，在我们将来的工作中，灵动的线条、缤纷的色彩、飞舞的旋律，会汇成青春的华章、奋斗的诗篇。

任务二　口语交际

答　询

范例借鉴

案例一：课堂上的一个片段。

一个学生问老师：“毛主席在60年代号召学雷锋，现在已经是21世纪，学习雷锋还有什么价值？不是大傻瓜吗？”

老师向学生问了一个问题：“如果你夜间同妈妈一起行走，妈妈突然旧病复发倒在地上。这个时候，你是需要钱，还是需要雷锋式的‘大傻瓜’帮助你把妈妈送到医院呢？”

案例二：家长会上的一个片段。

父亲问老师：“请您告诉我，我儿子历史课的成绩怎样？当年我读书的时候，我对这门课不感兴趣，有时还不及格……”

老师：“你儿子吗？……历史正在重演。”

案例三：据说，罗斯福在任美国的总统之前，曾在海军部任要职。一天，一位朋友向他打听海军在加勒比海一个小岛上建立潜艇基地的计划。这显然是一个不准任何人泄漏的军事秘密。

罗斯福听后，向四周看了看，压低声音问：“你能保密吗？”

“当然能!”朋友毫不犹豫地回答。

“那么,”罗斯福微笑着说,“我也能。”

案例四:2000 年 11 月,国家领导人李瑞环考察香港特别行政区时的一个片段。

两名女记者抢着问道:“您在讲话中强调了团结的重要,这是不是指香港特别行政区不够团结?”面对如此刁钻的提问,全场顿时静了下来,把目光汇集到李瑞环身上。李瑞环笑了,反过来问:“如果我祝你身体健康,是不是说你的身体就不健康呢?”接着他又转向其他记者,问道:“可不可以这样理解呀?”偌大的大厅里笑声四起,顿时响起了热烈的掌声。

点评

案例一中,老师用反问的方式表明了 21 世纪仍然要学习雷锋的观点。

案例二中,老师从父亲学习历史课的可怜成绩,由具体到抽象,用“历史正在重演”委婉指出这个学生的成绩。

案例三中,罗斯福巧妙地将话题岔开,让朋友感到他的为难之处,自然也就不再向他打听了。

案例四中,李瑞环运用类比推理方法,化解了难题,表现了睿智的思想和潇洒的风度。

知识链接

答询是一种常见的口语交际形式,在现实生活、学习和工作中,我们经常要询问别人,也常常要回答别人的询问,这就组成了答询。

一、答询的基本要求

答询要听得准,答得妙。答询要讲究方法,有一些技巧可循。

1. 听清问题,明白意图

首先要听清内容,更重要的是弄清询问者的意图、要求、情感态度,包括判断询问者问话时是真诚的还是违心的,内容是真实还是虚假,是否符合事实或者事理。对于没有听清楚的问题,可以礼貌地请对方再说一次,或者直接告知对方,切忌答非所问。

2. 抓住关键,恰当回答

答询都是有问才有答,一般不可能事先作充分的准备,这就要考查答询者的信息提取能力和语言组织能力。要求答询者迅速判断对方意图,针对问题的关键和核心,灵活作答。

3. 态度明朗,要言不烦

在有些场合,针对某些有意为难的问题,可采取灵活态度,不一定必须正面回答;应该坚持原则的,则要指出对方所提问题的不当之处。回答时,要根据询问一一作答,力求言简意赅。

4．实事求是，礼貌恰当

回答询问要实事求是，礼貌周到而不谄媚，语言朴实而不花哨。

5．言行并重，真诚以待

解答不要只停留在语言上，还要辅以手势或行动，让人感受到你真诚的帮助。

二、答询的方法技巧

虽因语境而异，因询问对象而异，但归结起来不外乎直答法、曲答法和避答法三种。

1．直答法

用简明的语言直截了当地回答对方的询问，不回避，不含糊。

2．曲答法

用婉转的语言说出自己的答案，答询者有明确的回答，但说得不那么直接而已。

3．避答法

对别人的询问不能或不愿作出回答时，就可以用避答法，答非所问、转移话题、模棱两可、岔开话题、反踢回去等。

任务实施

任务设计：情景剧——有问必答

任务目标：

1．掌握答询技巧，训练学生口语交际能力。

2．培养学生口语交际的兴趣，增强学生表达的自信心。

3．学会文明地进行人际沟通和社会交往。

实施步骤：

1．情景剧欣赏：请两名同学分别扮演销售员和顾客表演下面一段对话。

顾客：请问有没有莫言的《蛙》？

销售员：卖完了。

顾客：你家别的分店还可能有吗？

销售员：不知道！

顾客：请问什么时候到货？

销售员：不知道！

2．请同学发表对于这段对话的看法，并讨论销售员如何说才能在不改变原意的同时使顾客感到亲切，容易接受。再请两组同学上台表演。

3．把同学分成四个小组。每组选出组长一人。

4．依据设置的情境，回答问题。

（1）一天住在一楼的马阿姨见到小雨的姐姐说：“你家小雨真好学，每天早上5点多，我们还没起床，就听见他在楼前读英语。”如果你是小雨的姐姐，你该如何回答？

（2）你正在参加一家大型企业的面试，面试官很欣赏你的能力，最后询问你对薪资的要求，你该如何回答？

（3）如果你在工厂当实习生，有老员工总让你做本职工作以外的事情，如何才能巧妙地拒绝又不让老员工生气呢？

每名同学都作出自己的回答，由小组长作好记录，记好每名同学对每个问题的回答，然后小组成员共同讨论这些回答中哪个回答最恰当、最巧妙，推选出答得最好的和不好的，并说出为什么好、为什么不好。每组完成任务后进行班级交流。在交流中明确答询技巧，完成训练目标。

5. 课堂总结：答询有技巧，事半可功倍。

任务三　应用文写作

下定决心——保证书

读读想想

保　证　书

学生处老师：

在外实习期间，我清楚地知道我既是实习单位的员工又是学校的学生，具有双重身份；我在外实习的目的是全面提高综合素质，努力练好各种技能。在外实习期间，我保证做到：

1. 摆正自己的心态，以学技术和增强适应社会的能力为目的，不盲目攀比待遇、报酬。
2. 严格遵守厂规厂纪，虚心学习。
3. 坚决做到吃苦耐劳，专心练好技术。
4. 坚决维护学校的声誉，为学校增光添彩。
5. 每月写一份实习心得（字数不少于300字），弥补不足。
6. 如有紧急事项及时向班主任或学生处反映，不私自离开岗位。
7. 同学之间，互相团结、相互关心，在遇到困难和挫折时多相互鼓励，争取共同圆满完成实习任务。
8. 经常与父母、班主任保持联系（至少每周一次），不让父母和老师牵挂。

学生：×××

××年×月×日

思考：这是写什么内容的保证书？

写作导航

1. 概念解说

保证书是个人、集体、单位为响应上级号召开展工作、完成任务，或者做错了事、犯了错误并决心改正而提出保证时使用的专用书信。

2. 格式内容

保证书的写作格式如下：

保　证　书 尊敬的公司领导： 　　非常感谢你们对我的培育，使我从技术到业务都有了很大提高，但由于自己缺乏务实的精神，造成这次本不该犯的错误出现，有愧领导的信任，有愧自己的良心。 　　这次“事件”使我深深体会到，做任何事情都要脚踏实地，一步一个脚印地去走，才会走好，一个人不论干什么样的工作，只有具备了扎实的基本功，精益求精，别人做到的我要做得更好，别人做不到的自己能做到。技术、技能既是一个人的最低要求，同时是一个人生存的基本保障，一个人如果连这点都做不到，就不用谈什么意志，谈什么未来，如果凭侥幸获得好的工作环境，也是空中楼阁，昙花一现。 　　俗话说“台上三分钟，台下十年功”。任何工作现场都是“舞台”，一句话、一个动作都能体现公司的精神面貌，平时技术、技能的积累就是解决一切难题的最好方法。 　　在这再一次感谢领导的关心照顾，我相信自己不会辜负领导的信任，我会努力将工作做好，用行动证明我会给公司和领导增光添彩。 张×× ××年×月×日	1. 标题：居中。 2. 称呼：顶格写上送达方的机关组织、团体单位或个人的称呼或姓名，然后加冒号。 3. 正文一般而言须包括写保证书的缘由、保证的具体内容两部分。 （1）保证书的缘由要阐明为什么写保证书。 （2）保证书的内容主要是指保证人作出保证的具体事项。 4. 结尾：表示实现目标的决心。 5. 落款：右下方署上保证人的姓名，并署上发文的日期。

范例参考

诚信考试保证书

尊敬的学校领导、老师:

古之欲明德于天下者，先治其国；欲治其国者，先齐其家；欲齐其家者，先修其身；欲修其身者，先正其心；欲正其心者，先诚其意。诚信是为人处世的根底，是做事的要求，更是做人的要求，是衡量个人素质高低的一个重要标准。考试不仅是对我们学业的一次检验，也是对我们自身素质与道德的检阅。不讲诚信、考试作弊不仅是对自己能力的否定和蔑视，更是对校园优良学风的亵渎。树道德之新风，立诚信之根本，是我们中职学生义不容辞的责任。我们将继续发扬求实明德的精神，无论在以后的考试中或未来的学习、工作、生活当中，都会以实际行动维护知识的尊严、自身的尊严和良好的社会生活氛围。

一、充分利用有效时间刻苦学习，认真做好期末考试的考前复习，以最佳的心理状态和高效踏实的行动迎接考试。

二、严肃考纪，时刻以校风自勉，以校训自戒，以中职学生的行为标准严格自我要求，争做文明高尚的新一代社会道德表率。

三、学生干部、团员、入党积极分子以身作则，积极配合学校工作，认真履行学校各项规定，做好考风考纪的宣传工作，切实起到带头作用。

四、学生之间建立起互助互警机制，预防并制止一切形式的作弊行为，弘扬校园正气，端正学风。

五、考试期间严格遵守考试规则，遵守考场纪律，尊敬监考老师。诚实守信，力争营造“诚信至上”的校园氛围。杜绝弄虚作假，做到不剽窃、不抄袭，真实独立地完成答卷。

请领导放心，请老师放心，请家长放心。

2013 级全体新生

××年×月×日

温馨提示

1. 标题简短醒目。
2. 内容严密、完整、明确。
3. 约束限制，调动积极性
4. 认真修改，精益求精

动手写写

马上就要顶岗实习了，为了加强自身安全意识，避免不安全事故发生，保证实习工作的顺利进行，请结合自身情况写一份顶岗实习安全保证书。要求格式正确，不少于600字。

任务四 语文综合实践

成功之门—— 一丝不苟的敬业精神

场景案例

➲ 案例一

20世纪50年代初，有一位叫柯林的年轻人，每天很早就到卡车司机联合会大楼找零工做。后来，一家百事可乐工厂需要人手去擦洗工厂车间的地板，其他人没有一个应征的，但柯林去了。因为在他看来，不管做什么，只要你努力了，总会有人注意的。所以他打定主意，要做最好的抹地工人。

有一次，有人打碎了50箱汽水，弄得满地都是黏糊糊的泡沫。他很生气，但还是忍着性子把地板抹干净了。恰好他的这一举动被公司领导看到了，第二年他便被调往装瓶部，第三年就升为了副工头。

许多年后，全世界的目光都凝注在他的身上——美国前国务卿柯林·卢瑟·鲍威尔。他在自己的回忆录中写道："一切工作都是光荣的，只要永远尽最大的努力去做每一件事情，你一定会有所成就的。"

点评

敬业精神是现代社会所倡导的职业品质之一，也是所有企业和员工生存和发展所必需的潜在动力源。任何一个企业的发展都需要具有敬业精神的员工，同样，任何一个员工在企业中要想得到发展也离不开敬业精神。

➲ 案例二

李斌的履历并不复杂。初中毕业后李斌在上海电气集团液压泵厂技工学校学习，此后分别在上海液压泵厂二车间、斜轴车间任工人、工段长。再看看他的荣誉：10年间，李斌几乎荣获了国家和上海市所有的最高荣誉称号：1992 年被评为“上海市劳动模范”；1994年被评为“机械工业部劳动模范”；1995 年被评为“上海首届十大工人发明家”；1996 年荣获“全国五一劳动奖章”和“全国杰出青年岗位能手”称号；1997 年荣获“中国青年五四奖章”和“全国十大杰出青年”称号。一个初中毕业生是怎样成为一名具有工程师和高级技师职称的专家型工人的呢？种种荣誉的背后，是李斌爱岗敬业、精益求精的奋斗经历和一个个感人肺腑的故事。

点评

爱岗敬业就是要对自己的工作怀有敬畏之心。只有怀有敬畏之心，才会全力以赴，才会主动自发，才会不找借口，才会立即行动。爱岗敬业不仅是个人生存和发展的需要，也是社会存在和进步的需要。任何人，只要爱岗敬业，就可以在平凡的工作岗位上干得有声有色、轰轰烈烈，创造非凡的业绩，受到政府的表彰、社会的赞誉和人民的尊重。

知识链接

一、什么是爱岗敬业

爱岗就是热爱自己的工作岗位，热爱本职工作，敬业就是要用一种恭敬严肃的态度对待自己的工作，敬业可分为两个层次，即功利的层次和道德的层次。爱岗敬业作为最基本的职业道德规范，是对人们工作态度的一种普遍要求。

二、爱岗敬业的具体要求

1．树立职业理想

（1）职业理想。职业理想是指人们对未来工作部门和工作种类的向往和对现行职业发展将达到什么水平、程度的憧憬。

（2）职业理想的三个层次。职业理想可以分为初级、中级和高级三个层次。

（3）职业理想形成的条件。人的年龄增长、环境的影响和受教育程度是人的职业理想形成的内在因素，社会发展的需要是职业理想形成的客观依据。

2．强化职业责任

职业责任是指人们在一定职业活动中所承担的特定的职责，它包括人们应该做的工作以及应该承担的义务。

（1）职业责任的特点：职业责任具有明确的规定性；职业责任与物质利益存在直接关系；职业责任具有法律及其纪律的强制性。

（2）职业责任与职业道德责任。

职业道德是整个社会道德的主要内容之一。职业道德一方面涉及每个从业者如何对待职业，如何对待工作，同时也是一个从业人员的生活态度、价值观念的表现，是一个人的道德意识，道德行为发展的成熟阶段，具有较强的稳定性和连续性。另一方面，职业道德也是一个职业集体，甚至一个行业全体人员的行为表现。如果每个行业，每个职业集体都具备优良的道德，对整个社会道德水平的提高肯定会发挥重要作用。职业责任是指人们在一定职业活动中所承担的特定的职责，它包括人们应该做的工作和应该承担的义务。

（3）如何强化职业责任：企业对员工的职业责任教育和培训；从业人员的职业责任修养。

三、爱岗敬业与职业选择

目前，在我国市场经济条件下，实行的是求职者与用人单位的双向选择。这种就业方式的好处，就是能使更多的人从事自己所感兴趣的工作，用人单位也能挑选自己所需要的合适人选。在社会主义市场经济条件下，双向选择的就业方式为更好地发挥人的积极性创造了条件。

1．提倡爱岗敬业，热爱本职

提倡爱岗敬业，热爱本职，并不是要求人们终身只能干“一”行，爱“一”行，也不排斥人的全面发展。它要求工作者通过本职活动，在一定程度上和范围内做到全面发展，不断增长知识，增长才干，努力成为多面手。我们不能把忠于职守、爱岗敬业片面地理解为绝对地、终身地只能从事某个职业，而是选定一行就应爱一行。合理的人才流动、双向选择可以增强人们优胜劣汰的人才竞争意识，促使大多数人更加自觉地忠于职守，爱岗敬业。实行双向选择，开展人才的合理流动，使用人单位有用人的自主权，可以择优录用，实现劳动力、生产资源的最佳配置，劳动者又可以根据社会的需要和个人的专业、特长、兴趣和爱好选择职业，真正做到人尽其才，充分发挥积极性和创造性。这与我们所强调的爱岗敬业的根本目的是一致的。

2．挑选人才的重要标准

求职者是不是具有爱岗敬业的精神，是用人单位挑选人才的一项非常重要的标准。用人单位往往录用那些具有爱岗敬业精神的人。因为只有那些干一行、爱一行的人，才能专心致志地做好工作。如果只从兴趣出发，见异思迁，“干一行，厌一行”，不但自己的聪明才智得不到充分发挥，甚至会给用人单位带来损失。

3．干一行，爱一行

现实生活中能够找到理想职业人必定是少数的，对于多数人来说，必须面对现实，去从事社会所需要、而自己内心不太愿意干的工作。在这种情况下，如果没有“干一行，爱一行”的精神，那么你就很难干好工作，很难做到爱岗敬业。

任务实施

任务设计：讨论会—— 一丝不苟的敬业精神

任务准备：

1．资料收集，在图书馆或网上查阅一些因为责任心的缺失造成严重后果的事件。

2．人物访谈，分别采访学校老师和往届优秀毕业生，了解他们对爱岗敬业的理解。

实施步骤：

1．学生们围坐成一圈，主持人在中间。

2．请同学们说说自己收集到的资料以及人物访谈的结果。

3．结合实例，谈谈如何理解福布斯所说："做一个一流的卡车司机比做一个不入流的经理更为光荣，更有满足感。"

4．讨论如何培养一丝不苟的敬业精神。主持人进行提示，内容如下：

A．不当"差不多先生"

B．珍惜你的岗位

C．在其位，谋其政

D．先别说难，先问是否竭尽全力

E．让敬业成为习惯

5．主持人总结：在工作中，要树立一丝不苟的敬业精神，我们将会拥有更加美好的未来。

V 行知篇

塑造自我

殷殷寄语

给自己一点掌声

朋友，漫漫人生旅途中，总少不了寂寞、孤独、失败、沮丧等一系列的负面情绪，在这些时候，我们是不是该给自己一点掌声呢？

给自己一点掌声，让我们战胜内心的怯懦；

给自己一点掌声，让无畏的心更加的坚定；

给自己一点掌声，来温暖我独自前行的路。

在无人的时候总喜欢问自己：谁才是你人生中的长久观众？朋友，亲人或是其他认识或暂时不认识的人？

而内心常常仿佛听到这样一种心声：只有你自己才是你这出人生大戏里的观众，只有你自己才能陪伴你从开幕到闭幕，在这一生中，你又怎能少了掌声的陪伴。年华易逝，人生苦短，匆匆几十年，又何必让自己过得太孤独，在适当的时候给自己一点掌声，纵然有时别人不理解又如何，我自飞扬临天下。

给自己一点掌声，不只只是对空虚的灵魂的一种填充，更是在人生道路上经历的风雨多了而对于生活的一种从容，两份自信，三分欣赏以及四分责任。

当你累了，倦了，快撑不下去了，给自己一点掌声；

当你成功，得意，一切都美好了，给自己一点掌声；

当你觉悟，思索，好坏已平淡了，给自己一点掌声。

这一点掌声，伴随着人的一生，不管开局如何，不管结果怎样，我们所要做的就是尽量在生命的过程中尽可能给自己多一点的掌声，不管是别人给予的还是自我肯定的，都好！

多一点掌声，人生便多一点自信；

多一点掌声，前途便多一束光亮；

多一点掌声，生命便多一分希望。

慢慢开始长大，渐渐懂得了生命的意义所在，在任何时候，面对任何困难，都不会低下高高的头颅；就像那太阳底下的向日葵，即使沮丧，也要面朝太阳。不再怨天尤人，学会了包容，以自然平常的心态去对待每一个人，每一件事，踏踏实实地过好每一天，在自己心中形成自己去衡量这个世界的一杆秤。人情多寡、交情好坏全凭自己去判断，对于自己的所作所为，敢于承担。对于现实，各人有各人的看法，当一个人拥有积极的心态，努力向上，那么他所吸引的东西也一定是积极的，向上的，正面的。

所以，不管在何种情况下，都别忘了保持一颗积极向上的心以及对美好事物的期待。这样，你的人生才会充满阳光，生命，也才会绽放精彩。给自己一点掌声，因为前面的路虽然长但并不孤单，虽然艰辛但充满阳光。

给自己一点掌声，肯定自己！相信自己！做自己！

任务一 阅读与欣赏

二十五 我的信念

（法）居里夫人

学习提示

《我的信念》是科学巨人玛丽·居里晚年时对自己一生的回顾和信念的抒写。她通过写自己的理想、兴趣、爱好和情操，表现了她作为科学家的性格特点和人格力量。她用切身的体会告诉我们：人做事要有信心，要有坚韧不拔的精神，要淡泊名利，集中目标，勤奋工作才能有所成就。

本文语言质朴、真诚，就像一位老人向我们讲她一生所走过的艰辛、坎坷而又充满幸福、满足的成功之路，使人受到强烈感染。同时通过阅读，我们要认真思考：什么是有价值的人生？在未来的职业生涯中该用怎样的信念引导自己的人生之路？

原文品读

生活对于任何人都非易事，我们必须有坚韧不拔的精神。最要紧的，还是我们自己要有信心。我们必须相信，我们对每一件事情都有天赋的才能，并且，无论付出任何代价，都要把这件事情完成。当事情结束的时候，你要问心无愧地说："我已经尽我所能了。"

有一年的春天里，我因病被迫在家里休息数周。我注视着我的女儿们所养的蚕正在结茧，这使我感兴趣。望着这些蚕固执地、勤奋地工作着，我感到我和它们非常相似。像它们一样，我总是耐心地集中在一个目标上。我之所以如此，或许是因为有某种力量在鞭策着我——正如蚕被鞭策着去结茧一般。

近五十年来，我致力于科学研究，而研究，就是对真理的探讨。我有许多美好快乐的记忆。少女时期我在巴黎大学，孤独地过着求学的岁月；在后来献身科学的整个时期中，我丈夫和我专心致志，像在梦幻中一般，坐在简陋的书房里艰辛地研究，后来，我们就在那儿发现了镭。

我在生活中，永远是追求安静的工作和简单的家庭生活。为了实现这个理想，我竭力保持宁静的环境，以免受人事的干扰和盛名的渲染。

我深信，在科学方面我们有对事业而不是对财富的兴趣。当皮埃尔·居里和我考虑应否在我们的发现上取得经济利益时，我们都认为不能违反纯粹研究的观念。因而我们没有申请镭的专利，也就抛弃了一笔财富。我坚信我们是对的。诚然，人类需要讲究现实的人，他们在工作中获得很多的报酬。但是，人类也需要梦想家——他们受了事业的强烈吸引，使他们没有闲暇，也无热情去谋求物质上的利益。我的唯一奢望是在一个自由的国家中以一个自由学者的身份从事研究工作。我从没有视这种利益为理所当然的，因为在24岁以前，我一直居住在被占领和蹂躏的波兰。我估量过在法国得到自由的代价。

我并非生来就是一个性情温和的人。我很早就知道，许多像我一样敏感的人，即使受了一言半语的苛责，也会过分懊恼，因而我尽量克制自己的敏感。从我丈夫的温和沉静的性格中，我受益匪浅。当他猝然长逝后，我便学会了逆来顺受。我年纪渐渐老了，我越发会欣赏生活中的种种琐事，如栽花、植树、建筑，对朗诵诗歌和眺望星辰也有一点兴趣。

我一直沉醉于世界的优美之中，我所热爱的科学也不断增加它崭新的远景。我认定科学本身就具有伟大的美。一位从事研究工作的科学家，不仅是一个技术人员，而且是一个小孩儿，好像迷醉于神话故事一般，迷醉于大自然的景色。这种魅力，就是使我终生能够在实验室里埋头工作的主要原因。

知识链接

玛丽·居里（1867年11月7日—1934年7月4日），原名：玛丽·斯克沃多夫斯卡（Marie Sklodowska），是波兰裔法国籍女物理学家、放射性化学家。她一生共得了10项奖金、16种奖章、107个名誉头衔。1903年和丈夫皮埃尔·居里及亨利·贝克勒尔共同获得了诺贝尔物理学奖，1911年又因放射化学方面的成就获得诺贝尔化学奖。她是历史上第一个获得两项诺贝尔奖的人。1995年，她与丈夫皮埃尔·居里一起移葬入先贤祠。她还是“居里学院”的创始人。作为杰出科学家，居里夫人有一般科学家所没有的社会影响，尤其因为是成功女性的先驱，她的典范激励了很多人。

字词过关

1. 给下列加点的字注音

问心无愧（　　）	渲染（　　）
闲暇（　　）	奢望（　　）
呵责（　　）	蹂躏（　　）（　　）
猝然（　　）	眺望（　　）

2. 解释下列词语

问心无愧	致力	专心致志	渲染	盛名	报酬
获益匪浅	蹂躏	逆来顺受	呵责	懊恼	沉醉

任务实施

听：结合课文内容谈一谈，居里夫人的自述体现了她怎样的人格魅力。

说：居里夫人的故事很多，请和大家分享你所知道的居里夫人的故事，并说一说这个故事给我们什么启示。

读：请大声朗读出自己最喜欢或你认为给自己触动最大的语句，并说明理由。

写：假如你是玛丽·居里，发现镭元素后，你会怎样做？你又怎样看待居里夫人放弃了“申请专利”呢？请以“如果我是居里夫人”为题写一篇小短文，要求语言通顺，自圆其说，300字左右。

哲思驿站

居里夫人名言

如果能随理想而生活，本着正直自由的精神、勇敢直前的毅力、诚实不自欺的思想而行，一定能臻于至美至善的境地。

我们每天都愉快地过着生活，不要等到日子过去了才找出它们的可爱之处，也不要把所有特别合意的希望都放在未来。

我们不得不饮食、睡眠、浏览、恋爱，也就是说，我们不得不接触生活中最甜蜜的事情，不过我们必须不屈服于这些事物。

生活中没有什么可怕的东西，只有需要理解的东西。

人必得要有耐心，特别是要有信心。

使生活变成幻想，再把幻想化为现实。

人类看不见的世界，并不是空想的幻影，而是被科学的光辉照射的实际存在。尊贵的是科学的力量。

人要有毅力，否则将一事无成。

我从来不曾有过幸运，将来也永远不指望幸运，我的最高原则是：不论对任何困难都决不屈服！

我认为，你们必须从一种理想主义中去寻求精神力量。在不使我们骄傲的情况下，这种理想主义可把我们的希望和幻想上升到一个很高的境界。

人类也需要富有理想的人。对于这种人来说，无私地发展一种事业是如此的迷人，以至他们不可能去关心他们个人的物质利益。

荣誉就像玩具，只能玩玩而已，绝不能永远守着它，否则就将一事无成。

我们必须有恒心，尤其要有自信力！我们必须相信我们的天赋是用来做某种事情的，无论代价多么大，这种事情必须做成。

使生活变成幻想，再把幻想化为现实。

科学的基础是健康的身体。

我要把人生变成科学的梦，然后再把梦变成现实。

在成名的道路上，流的不是汗水而是鲜血，他们的名字不是用笔而是用生命写成的。

我们必须相信，我们对每一件事情都具有天赋的才能，并且，无论付出任何代价，都要把这件事完成。当这件事情结束的时候，你要能问心无愧地说：我已经尽我所能了。

二十六 成长

（美）拉索尔·贝克

学习提示

《成长》是一部自传体小说，以20世纪二三十年代经济大萧条的美国为背景，讲述了“我”8岁时一段难忘的街头报童经历，我最终从一名失败的杂志推销员成长为一名优秀的作家。拉索尔通过他的故事告诉我们生活的磨炼不仅能捶打我们的意志，更能丰富我们的心灵，只有通过不断尝试才能找到最适合自己成长的道路。这既是典型的美国式的励志故事，也可以说是一本家庭教育指南。即使在今天，书中所提及的问题仍然有很强的现实意义，给人以深刻的启迪。人们常说，“合适的才是最好的”，你现在学的专业“正中你的下怀”吗？你会为此而不懈努力吗？

原文品读

我八岁时便进入了新闻界，那是我母亲的意思。她希望我自个儿“有所建树”，于是在对我的能力做了冷静的估量后，便认为我若想在竞争中不给落下的话，还是早点起步为好。

母亲早就看出我性格中的不足之处是缺乏“闯劲”。在我看来，一个最惬意的下午应是躺在收音机前，重读我所喜爱的了不起的小书系列《迪克·特蕾茜遇见史杜基·维拉》。母亲对无所事事深恶痛绝。看到我一副优哉游哉自得其乐的样子，她难以掩饰她的厌恶。“你一点进取心也没有，像个木头人，”她说道，“到厨房帮多丽丝洗碗碟去。”

我妹妹多丽丝虽比我小两岁，她那充沛无比的精力足能抵上一打人。她十分热衷于洗碗、铺床和清理房间。才七岁，她就能拿着缺了分量的奶酪赶回小杂货店，威胁老板说要告他，然后兴高采烈地带回补足分量的四分之一磅奶酪，老板为求宽恕还另加几盎司。要不是个女孩，多丽丝一定会有出息。就因为这一缺憾，她能指望的最好出路无非是当个护士或教师。在那个时代，一般认为有能力的女性也只能从事那些工作。

这肯定让我的母亲感到沮丧，命运就这样阴差阳错地赋予她女儿进取心，而留给她一个只满足于读读《迪克·特蕾茜遇见史杜基·维拉》的儿子。尽管失望，她却毫不自怨自艾。不管我愿不愿意，她决心要使我有所出息。“自助者天助”，她是这么说的，也正是这样想的。

对于困难她很现实。估量了这块上帝交给她并让她去塑造的“料子”后，对其能否成才她不抱奢望，她从未强求我长大后当美国总统。

五十年前，做父母的依然会问儿子长大后想不想当总统。他们绝不是开玩笑，而是相当一本正经。不少出身贫寒的父母依旧相信他们的儿子能做总统。亚伯拉罕·林肯就当上了。我们距林肯只有六十五年。我们中间有许多祖父辈的人依然记着林肯时代。也就是这辈人最爱问你长大后要不要当总统。做肯定回答的小男孩出乎意料的多，而且他们还当真这么想。

我就被人问过好多次。我总是回答说，不，我长大了不想当总统。有一次，别人这么问我时母亲也在场。一个上了年纪的伯伯提出了这个老话题，当了解到我对总统宝座毫无兴趣后，他问道：“那么你长大后想干什么？”

我爱到垃圾堆中翻捡贴着漂亮标签的罐头和空瓶，还喜欢翻阅人家丢弃的杂志。当时，这个世界上最可向往的工作马上跳进了我的脑中。“我要当个垃圾工。”我说道。老伯伯笑了，而母亲则第一次痛苦地注意到我越来越不成器了。“你给我有长进点，拉索尔。”她说。叫我拉索尔是她不愉快的一个信号。

当她赞成我的想法的时候，总叫我“老弟”。

到我八岁时，母亲认准了让我起步走向成才之道已迫在眉睫。“老弟，”有一天她说，“我要你今天一放学就回家。有客人要来，我想让你见见他。”

那天下午当我冲进屋里的时候，她正在客厅与柯蒂斯出版公司的一位管理人员交谈。她介绍了我。他弯下身子与我握了手。母亲说我渴望得到征服商界的机遇。他问道：“这是真的吗？”

母亲回答说我生来就具有一种想出人头地的可贵的信念。

“是的。”我小声答道。

“可你有没有生意场上获取成功所必需的那种勇气、个性和绝不退缩的意志？”

母亲说我当然有。

“是的。”我说道。

他默默地注视着我良久，像是在掂量我是否可以被委以重任，然后就坦率地说开了。在迈出关键性的一步之前，他说他要提醒我，为柯蒂斯出版公司工作对年轻人来说是份很重的担子。这是美国大公司之一，甚至可能是世界上最了不起的出版社。不用问，我肯定听说过《星期六晚邮报》吧？

岂止是听说，母亲说家里的每一个成员都知道《星期六晚邮报》，而我呢，事实上是带着宗教般的虔诚来阅读它的。

那么毫无疑问，他说我们一定也熟悉刊物天地中的两大支柱《妇女家庭杂志》和《乡村绅士》杂志吧。

母亲说我们确实知道。

能成为《星期六晚邮报》的一名代理在商界堪称最大荣耀，他说道。他本人便深为自己系这家大公司的一分子而无比自豪。

母亲说他这样想是理所当然的。

他又端详起我来，简直就像是在盘算我是否可以被授勋封爵似的。末了，问道：“你靠得住吗？”

母亲说我诚实到极顶。

“是的。”我说。

来访者第一次露出了微笑。他告诉我说，我是一个幸运儿。他欣赏我的胆量。大多数年轻人视生活如儿戏。这些人在一生中不会有太多的发展。只有勤于工作，肯节俭，且能保持脸面整洁、头发光亮的年轻人，方能指望在如今的世道出人头地。他还问我是不是真心实意地认为自己就是这样的一个年轻人。

“他当然是这样认为的。”母亲说道。

“是的。”我说道。

他说他对我留下了深刻的印象，打算栽培我做柯蒂斯出版公司的一名代理。他说下周二会有三十份新印出的《星期六晚邮报》送到我家门口。我得把这些油墨未干透的杂志装进一个漂亮的帆布包里，再将包挎到肩上，随后穿街走巷，将这些集新闻、小说以及漫画的精华于一处的最高典范带给美国大众。

那个帆布包他正带在身上，他对其毕恭毕敬，宛如对待神父穿的十字褡（祭披）一样，他向我示范如何把背带绕过胸前挂到左肩上，右手便能轻而易举地伸进包内，将这些新闻、小说和漫画的最佳之作迅速取出并销售给大众。人们的快乐和保障就靠我们这些新闻自由的卫士了。

到了下周二，我从学校跑回家，背上帆布包，把杂志全部装进去，并将身子向左倾斜着以平衡右边臀部上杂志的重量，就这样我踏上了新闻事业的大道。

我们住在新泽西州的贝利维尔，那是一个位于纽瓦克北部边缘的市郊小镇。时值1932年，正是大萧条最甚之际。我父亲两年前去世了，遗留给我们的除了几件西尔斯—罗伯克家具外，别无他物。母亲便带着我和多丽丝投奔她的一个弟弟，也就是我的艾伦舅舅。到1932年时，艾伦舅舅在事业上已经有所成就。他在纽瓦克给一个饮料商做推销，每周挣三十美金，穿珠灰色鞋罩，戴活动衣领，有三套西装；他婚姻美满，肯收留一文不名的亲戚。

满载杂志的我向贝利维尔街走去。那儿人多，在与联合街交叉的路口有两个加油站、一个小杂货店，还有水果摊、面包房、理发店、苏卡瑞里药房以及一个火车餐车式的小饭馆。好几个小时下来我设法让自己引人注目，不断地更换位置，从一个角落移至另一个角落，从这个橱窗移到那个橱窗，以做到人人都能看清我那帆布包上“星期六晚邮报”这几个既粗又黑的字样。一缕斜阳表明晚饭时刻已到，我便走回家去。

“卖了多少份，老弟？”母亲问道。

“一份都没卖掉。”

“你去了哪儿？”

“贝利维尔街和联合街的十字路口。”

“你都干了些什么？”

“站在拐角处等着人来买《星期六晚邮报》。”

“你就只是站在那儿？”

“一份也没卖掉。”

“天哪，拉索尔！”

艾伦舅舅来干预了。“这事儿我想好久了，”他说，“我正打算定期买《星期六晚邮报》呢。把我算做一个主顾吧。”我递给他一本杂志，他付了我一个子儿。这是我挣的第一个镍币。

然后母亲就向我传授推销员的技巧。我该去按门铃，与大人们说话既要带着几分自信又要让人爱听，若遭拒绝就要用推销员惯用的口吻告诉对方，不管多穷，家中没有《星期六晚邮报》活得准会不开心。

我告诉母亲说我已改变了靠做刊物生意发财致富的主意。

“如果你以为我会养个光吃饭不干活的家伙的话，”她答道，“你可就大错特错了。”她叫我第二天一放学就背着帆布包上街去挨家挨户按门铃。当我抗议说我觉得自己没有推销员的天赋时，她问我是不是想把我的皮带借给她，用它在我身上抽几下好让我清醒清醒。我屈服于长辈的意志，心情沉重地踏入新闻界。

母亲和我的这场战斗几乎自我能记事起就开始了。甚至还在此之前，当我还是北弗吉尼亚的一个乡下孩子时，母亲因不满父亲清贫的工匠生涯，便已决意不让我长成像他和他的伙伴们那样的人：手上满是老茧，背上套着工装裤，脑子里只有小学四年级的学问。她对未来可能出现的生活有着种种丰富的设想。她之所以把我介绍给《星期六晚邮报》，就是想让我尽早摆脱父亲的那种生活。过着那种生活的人总是带着饭盒日出而作，靠着双手干活直到每一个毛孔都沾满污垢，死后留下的就是那么几件早年邮购来的可怜巴巴的家具。母亲想象中更好的生活该是有办公桌和白衣领，熨烫笔挺的西装，晚上则该读书以及轻松地谈天，要是可能—— 假如一个人特别、特别运气，真发迹了——年薪应高达五千美金，可以拥有一栋大宅第，一辆带折叠座的别克汽车，还可以去大西洋城度假。

就这样我背着一袋子杂志又出发了。我怕那些在可能的买主家门后龇牙吠叫的狗。按陌生人家的门铃令我胆战心惊，没人应门我便松一口气，有人来了我就惊慌失措。虽说受过母亲指教，我仍学不会推销员的伶牙俐齿。人家门一开我就只会问："想买《星期六晚邮报》吗？"在贝利维尔是很少会有人要的。这是个有三万人口的小镇，好几个星期我按遍了镇上大多数的门铃，可还是卖不完我那三十份杂志。有几个星期，我连续六天在镇上到处兜揽生意，但到了周一晚上仍然有四五本没卖掉。我于是最担心周二早晨的到来，那时门口又会有三十本崭新的《星期六晚邮报》。

"最好今晚出去把剩下的杂志卖了。"母亲往往说道。

于是我通常就站在一个繁忙的路口，那儿的交通灯控制着来自纽瓦克的人流。红灯亮时，我就站在路边对驾车的人高声叫卖："要买《星期六晚邮报》吗？"

有一个雨夜，车窗都紧闭着，我浑身湿透地回到家，毫无出售记录可以汇报。我母亲向多丽丝示意道："同老弟再去那儿，让他瞧瞧怎样卖掉这些杂志。"

多丽丝那时才七岁，她兴致勃勃地与我回到了那个街角。她从袋子里拿出本杂志，红灯一亮就跑到最近的一辆车的车旁，用小拳头敲着紧闭的车窗。开车人或许还以为有个侏儒要袭击他的车子，吃惊地摇低了车窗探视，多丽丝就塞给他一份《星期六晚邮报》。

"你会需要这杂志的，"她尖着嗓子说道，"只花你五分钱。"

她的推销令人无法回拒。灯光换了不到五六次，她已把杂志都卖完了。我并不觉得丢脸，相反地我高兴极了，打算请她一次客。把她带到贝利维尔街的蔬菜店后，我花五分钱买了三个苹果，给了她一个。

"你不该乱花钱。"她说。

"吃你的苹果吧。"我自己咬了一口说道。

"你不该饭前吃东西，"她说，"你吃饭会没胃口的。"

那晚回家后，她负责地汇报了我浪费五分钱的事。我不但没受到斥责，还让母亲在背上拍了一下以示嘉奖，因为我还算聪明，买了水果而不是糖果。母亲又从她取之不尽的格言库里取出一条教导多丽丝："每天一个苹果，便与大夫无缘。"

到我十岁时我已记住了母亲所有的座右铭。要是过了上床时间我还不愿睡觉，我知道母亲就会说："睡得早，起得早，富裕，聪明，身体好。"要是我抱怨早晨起得早的话，我保证她准会说："早起的鸟儿觅得到食。"

我最讨厌的一条是"一次不行试两次，两次不行试三次"。每当我呜咽地说我已按过镇上的每一个门铃，肯定那星期贝利维尔不可能再有一个买主了，她便重新发出号令，让我回到毫无指望的挣扎中去。听完我的解释后，她会递给我那个帆布包，说："一次不行试两次……"自干上那份活的第一天起，若不是她坚持的话，我早就想撒手不干了。三年下来母亲终于下断语说，要我在生意场上有出息是没指望的了，因此就开始为我留意竞争激烈程度略低的行当来。

在我十一岁那年的一个晚上，我带回家一篇小作文，写的是我的暑假生活，老师给批了个A。母亲以她教师的眼光读了这篇作文，赞同说这是篇七年级高才生才写得出的散文，并夸奖了我。当时对这事没再多说，然而一个新的念头却在母亲心里萌生了。晚饭吃到一半时，她突然打断了话题。

“老弟，”她说，“大概你可以当个作家。”

这个想法正中我的下怀。我从没遇见过作家，以前不曾有过写作的念头，对于怎样能当上作家也一无所知。但我爱读故事，而且觉得编故事一定和读故事一样的有趣。但最要紧的，也就是真正让我心花怒放的，却是作家生涯的轻松自在。作家不用步履艰难地背着包沿街叫卖，既要防御恶狗，又要遭到粗鲁的陌生人的拒绝。作家不必去按人家的门铃。凭我的理解，作家所干的甚至算不上是工作。

我陶醉了。作家根本不需要什么进取心。这事我对谁都没敢说，怕在学校里叫人笑话，但我已暗自决心长大后当一名作家。

知识链接

1. 柯蒂斯（1850—1933），美国新闻出版商，曾在费城创办《乡村绅士》及《妇女家庭杂志》，并开办柯蒂斯出版公司（1890），后又创办《星期六晚邮报》《大众纪事报》等。

2. 西尔斯-罗伯克是美国邮购业的倡导公司，也曾是全球最大的邮购公司，成立于1886年。经营各种商品，也从事零售业务，1942年起向海外发展。文中家具即指邮购来的家具。

3. 拉索尔·贝克，出生于1925年，是美国著名记者和专栏作家。1979年以其犀利机智的政论文章获得普利策评论奖。其童年自传《成长》为他赢得了1983年的普利策传记奖。贝克本人后来还担任过普利策奖的评委，代表作有《成长》《黄金时代》。迄今为止，他共出版了17部作品。

字词过关

1. 给下列加点的字注音

惬意（　　）　　自怨自艾（　　）（　　）

掂量（　　）　　镍币（　　）

熨烫（　　）　　侏儒（　　）（　　）

龇牙（　　）　　步履（　　）

2. 解释下列词语

自怨自艾　　伶牙俐齿　　惊慌失措　　迫在眉睫

任务实施

听：分别概述“我”的形象。“我”前期和后期思想品格上的主要特点是什么，前后期有什么变化？

说：成长中我们都离不开母亲的教导，请说一说你的成长经历中母亲对你影响最大的或者印象最深刻的一件事。

读：母亲的座右铭对拉索尔是一种激励和督促，请找出文中提到了哪些并朗读。

写："我"从一名失败的杂志推销员到一名优秀的作家这一成长转变，给我们的启示是什么？请结合自己的经历写一篇随笔。要求语言通顺，表达真情实感，字数600字以上。

哲思驿站

如能善于利用，生命乃悠长。——（古罗马）塞涅卡

二十七 迎接挑战

（美）约翰·皮尔庞特·摩根

学习提示

社会是看不见硝烟的战场，它充满了竞争和挑战。作者在这封信中教导儿子在完成学业后如何面对严酷的现实。全文情深意切，说理透彻。在学习这篇文章时，我们可结合自己的专业，对以后的工作作一个简单的规划。

原文品读

亲爱的小约翰：

听着，孩子，我有很多话要对你说。并且，我现在对你所要说的和从前的教育有所不同了。因为，从现在开始，你已经不是小孩子。你即将进入这个五光十色的社会大家庭，你将和我一起在这个看不见硝烟的战场上迎接挑战。因此，你不只是我的孩子，更重要的是我的战友、我的同事，今天是你一生中重要的一天。你20年的学校生活已经结束，我相信你已经学到了不少理论知识，你可以正式投入到现实社会的工作行列中了，你应该感到非常高兴。虽然也有许多人并不喜欢工作，那是因为工作使他们联想到：早上必须早早起床，反复做些无聊的工作；使他们失去娱乐时间，甚至于引起他们的很多身体疾病。另外，却有些人急于投入工作中，因为工作可以帮助他们实现自己的理想和抱负，于是他们希望通过工作和努力，发挥自己的才能。我希望你属于后者，希望你不只继承我们家的财富，而且能够创造更多的奇迹。

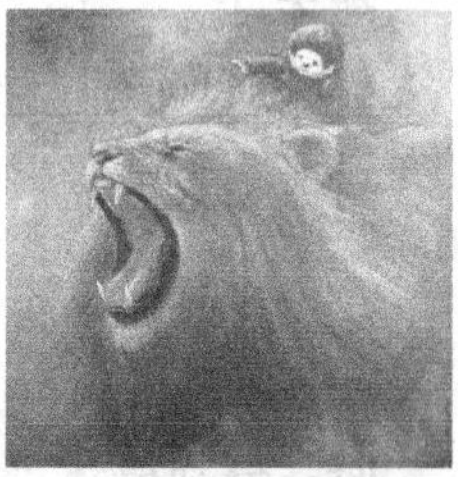

孩子，在你进入社会之前，我对你的教育也许严厉了一些，剥夺了你的很多娱乐时间。可是，你是知道的，那是为了让你接受更多正式教育。现在你精神构造方面的骨架已经成熟，你要将过去长年努力的成果，运用到竞争残酷的真实社会中，借以维持你的生计，确保你的地位，然后进行更大的发展。关于这点，你可以说是处于相当有利的地位，因为你很明白即将接触的事务：你渴望成为优秀的企业家，但有许多年轻人却没有你幸运，他们为了生活，为了生存而挣扎，他们不知道自己的目标在哪里。也有的人虽然选择了目标，可是却无法进入追求目标的行列中。你想过为什么吗？你和他们不同的是你有一个像我一样的父亲，我可以把我多年在企业的经验和心得无私地告诉你，把我总结的我们祖先从迈尔斯·摩根1636年登上美洲大陆务农开始，经过历代的刻苦经营和创造，到发展地产、金融所有的成功经验都传授给你，希望你继承我们摩根家族的传统和事业。你想，你是否比他们幸运得多？你有目标，也有工作，这就是好的开始。

这就要求从你正式踏入公司的第一天开始，必须每天准时上班，勤恳工作，先在基层磨炼，以了解和学习企业运转的每个环节。保持工作的纪律性很重要，试想一个连准时上班都无法做到的人，又怎么能担负重任呢？我们企业上班的时间都是固定的，而下班时间视各人的工作需要而定，具体时间由自己的工作需要来确定。通常情况，有些公司上班的时间并没有硬性规定，如果不能接受我们公司必须准时上班的人，可以试试那些公司。我不希望跟你约好七点见面，而你八点钟才姗姗而来。就算你属于管理阶层，也一样必须准时上班。

在工作中，你应该常常接近那些长年为公司发展尽心尽力的同事们。我想你一定谦虚地想吸收他们的经验与管理知识吧！在这个阶段，如果你想要有所改革的话，不要操之过急，因为时机还未到。如果你对目前的做法有任何改变的意见（当然是指更好的方法），尽管提出问题无妨。但是，必须注意在进行时不要太过严格。成功者不是守株待兔的人，成功者往往是一面学习一面等待适当时机的人，也就是将计划思索多次、考虑各种可能发生的情况后，就能够得出一个比较周全的计划的人。倘若你真的确定公司的政策有改变的必要时，也不要急于求成（当然，紧急的则另当别论）。虽然有时候，一个企业的决策者要雷厉风行、速战速决，但是要根据情况而定，尚未尝试过的生意，还是必须经过一段时间的仔细研究，基础稳固才能进行。

在学校你学到的理论知识可以给你的工作以指导，但真正的工作要靠实践。

在公司的工作过程里，只要你谦虚学习，你就一定能接受到优秀的指导，而我想你应该由销售部开始学习。等你有了相当了解之后，我会安排你和客户见面，让你了解自己并且发挥推销能力。而这些客户与公司交往的时间比你的年龄还要大，从他们那里你可以知道一些他们对公司的看法和观点，增加你对公司的认识。还要提醒你的是，在你跟客户握手之前，必须尽可能地率先了解对方，从客户的立场来说，第一印象非常重要，他只会给你一次机会。所以一开始你就必须先下点工夫，给对方留下一个好印象。否则，往后你得花费一两年或更多的时间才能重新抓住客户的心，那么你出发的脚步就不得不慢下来了。

你初入公司，必须记住多听少说。如果你想成为一个善谈的人，要从先学会做一个善于倾听的人开始。你要学会鼓励别人多谈他们自己，听取他们的建议，从而才能更客观地看待问题，做出正确的决策。过去，当我决定录用一个推销员时，我会批给他两三个客户做一番试验。如果有一个客户批评“话太多”时，我就绝对不会录用这个人。其实，这个理由很简单：言多必失，与其自行暴露缺点，倒不如认真择言，因为人们往往欣赏知识丰富却不吹嘘的人。我们的客户尤其如此。

在你与客户接洽时，要有万全的准备。必须携带公司完备的资料，同时，你在心

中不断地告诉自己，我们比竞争的同业更优秀，更能为客户提供满意的服务。这就要求你具有充分的勇气和自信，这样，你就能在客户面前娓娓而谈，赢得别人的好感，更能顺利地完成工作。但是，你必须注意的是不要夸大其词的谈吐，不要和别人抢着说话。要尊重对方，等他把话先说完，你再提出自己的观点。推销服务固然是工作的重点，但切切不可忘记：确实的售后服务才是更重要的，如果因为服务不周，客户对我们有怨苦，并且弃我们而去，使我们要不断寻找新客户，这样一来，便毫无效率可言了。虽然找寻新客户也是我们不可或缺的行动，但在损益表上却无法见到多少余额。所以在开发新客户的同时，也必须注重售后服务，如此才能确保公司的发展及茁壮成长。

服务是企业的生命，只有良好的服务才使企业更有竞争力。所以要努力为客户做好售后服务，同时，你也必须与原料供应商维持良好的关系。有些原料供应商目睹我们的售后服务后，在羡慕我们工作效率之余，即使碰到有其他的同行以降价引诱或以暴力威胁，他们依旧不变地供应我们原料，没有中断。当然，我也希望客户以同样的态度支持我们。

你要把刚开始工作的阶段作为锻炼和实习，不要妄断妄行。在这段时间，你应该尽量小心，但是也不要紧张到草木皆兵的地步。你要注意观察每一个新进职员，就像观察学校的新生一样。同时注意，别人也往往戴着有色眼镜看你。一个小小的过失，就会给人深刻的印象。所以，你必须注意你的言行举止。也许这番话会使你害怕，但是也不必太过担心，因为“罗马不是一天建成的”。况且，我写这封信的目的，是给你个建议。另外，也是将工作兴趣的追求，做个简单的叙述。你所受的教育可以清楚知道你的目标是成为一名优秀的企业家，换句话说，你对本公司的工作具有相当的适应性。在过去20年，我观察你成长的过程，发现你凡事不会太过强求，是个有弹性的人。但是，你是否能够发现工作的乐趣，就要看你自己了。

人的进步是靠不断地学习，不进则退。你具有理想、自主、责任感，这会使你的工作成为生活中的快乐。但是，你也不要忘记，竞争是多方面的，30年后的企业界巨人也在这个时候与你一同进入真实社会，投入企业之争。

最后，我还想再说一句，未来企业界的巨人绝不是出了校门后便不再鞭策自己努力用功的人。他们只不过是将用功的时间改变，在平常生活中加入适当的娱乐调剂，而夜晚及周末也成为他们用功的时间，就是这样。由于企业的大小事都要我去拿主意，我没更多的时间陪你，要靠你自己去不断学习积累。每个做父亲的都希望自己的儿子能成大器，我也一样。16世纪的诗人乔治·哈伯特曾说：“一个父亲胜过百个教师。”这句话不是没有原因的。

为了获得生活的食粮，欢迎你来到真实的社会。一年之后，我希望你用最好的成绩向我汇报。成绩反馈的作用不容忽视，然而任何事情都是复杂的，我们并不排除失败的反馈作用。是的，失败会使人丧失斗志，但对一个信念坚定的人来说，失败则往往能激起更大的斗志。当然，这种激励建立在失败所造成的代价之上，管理者只能利用失败，而绝不应有意制造失败。所以，勇敢地去迎接挑战吧！

你的父亲

约翰·皮尔庞特·摩根

知识链接

约翰·皮尔庞特·摩根（John Pierpoint Morgan，1837年4月17日—1913年3月31日），一个曾影响美国经济的一代富豪。提起摩根的名字，全世界都震荡，洛克菲勒财团曾栽倒在他的脚下；钢铁霸主卡内基曾遭受他几乎致命的打击；不可一世的罗斯福总统曾向他妥协。墨西哥政府向他借钱，阿根廷政府向他借钱，甚至英国政府和法国政府都向他借钱。他被称为财大气粗的世界债主、华尔街金融大鳄。

当年，皮尔庞特是个忧虑不安的年轻人：被头痛、间歇昏厥和皮疹等疾病长期折磨；与父亲，银行家朱利厄斯·摩根的关系若即若离；第一任妻子婚后4个月病故，给他留下了终生创伤。但随着年龄增长，他变得固执己见，坚信脑海里一切突如其来的念头。不过，他理想化的一面仍有表现：如果面临的商业问题触犯了内心的道德感，骨子里的保守就会激起他变革的热情。

他就是这样矛盾地成长为一个精明的商人——通过一个金融机构，约翰·皮尔庞特·摩根实现了个人影响力的延伸。从他的祖父约瑟夫到他的父亲，摩根家族经商都很成功。也许正是因为这种特殊的家庭氛围与商业熏陶，约翰·皮尔庞特·摩根从年轻时就敢想敢干，很富有商业冒险和投机精神。

字词过关

解释下列词语

硝烟　　雷厉风行　　草木皆兵　　鞭策

任务实施

听：父亲对孩子提出了哪些建议？

说：请结合自己的职业观，谈谈怎样去面对社会的挑战。

读：从信中挑一段你喜欢的文字朗读，要充满感情，把它当成自己父亲写给自己的信。

写：给自己写封信，信中给自己提出期望。

哲思驿站

1. 接受挑战，就可以享受胜利的喜悦。——（美）杰纳勒尔·乔治·S·巴顿
2. 所谓活着的人，就是不断挑战的人，不断攀登命运险峰的人。——（法）雨果
3. 有勇气承担命运这才是英雄好汉。——（德）黑塞
4. 我要扼住命运的咽喉，绝不让命运所压倒。——（德）贝多芬
5. 未来是光明而美丽的，爱它吧，向它突进，为它工作，迎接它，尽可能地使它成为现实吧！——（俄）车尔尼雪夫斯基
6. 对一个人来说，所期望的不是别的，而仅仅是他能全力以赴和献身于一种美好事业。——（美）爱因斯坦

7. 战士是永远追求光明的，他并不躺在晴空下面享受阳光，却在暗夜里燃起火炬，给人们照亮道路，使他们走向黎明。——巴金

二十八　一碗清汤荞麦面

（日）栗良平

学习提示

这是一篇以情动人、激人奋发的作品。它叙述了母子三人遭受厄运之后团结拼搏而苦尽甘来的故事，同时表现了老板夫妇和众多顾客对母子三人的同情、尊重与关爱。作品洋溢着浓浓的人情味，赞美了团结互助的精神。

作品以"一碗清汤荞麦面"为线索，通过描写母子三人先后四次吃荞麦面的经历，表现了作者刻画人物的娴熟技巧；以北海亭面馆的二号桌为特定的场景，通过从"预约席"到"幸福的桌子"的过程演变，推动了故事情节的发展。

原文品读

对于面馆来说，最忙的时候，要算是大年夜了。北海亭面馆的这一天，也是从早就忙得不亦乐乎。平时直到深夜十二点还很热闹的大街，大年夜晚上一过十点，就很宁静了。北海亭面馆的顾客，此时也像是突然都失踪了似的。就在最后一位顾客出了门，店主说要关门打烊的时候，店门被咯吱咯吱地拉开了。一个女人带着两个孩子走了进来。六岁和十岁左右的两个男孩子，一身崭新的运动服。女人却穿着不合时令的斜格子的短大衣。

"欢迎光临。"老板娘迎上前去招呼着。

"……唔……清汤荞麦面……一碗……可以吗？"那女人怯生生地问。

那两个小男孩躲在妈妈的身后，也怯生生地望着老板娘。

"行啊，请，请这边坐。"老板娘说着，领他们母子三人坐到靠近暖气的二号桌，一边向柜台里边喊着，"清汤荞麦面一碗——"

一听到喊声的老板，抬头瞥了他们三人一眼，应声道："好——咧！清汤荞麦面一碗——"

案板上早就准备好的，堆成一座座小山似的面条，一堆是一人份。老板抓起一堆面，继而又加了半堆，一起放到锅里。老板娘立刻领悟到，这是丈夫特意多给这母子三人的。

热腾腾香喷喷的清汤荞麦面放到桌上，母子三人立即围着这碗面，头碰头地吃了起来。

"真好吃啊！"哥哥说。

"妈妈也吃呀。"弟弟夹了一筷面，送到妈妈的口中。

不一会儿，面吃完了，付了一百五十块钱。

"承蒙款待。"母子三人一齐点头谢过，出了店门。

"谢谢，祝你们过个好年！"老板和老板娘应声回答着。

过了新年的北海亭面馆，每天照样忙忙碌碌。一年很快过去了，转眼又是大年夜了。

和以前的大年夜一样，忙得不亦乐乎的这一天就要结束了。过了晚上十点，正想关门打烊的时候，店门又被拉开了。一个女人带着两个男孩走了进来。

老板娘看到那女人身上那件不合时令的斜格子短大衣，就想起了去年大年夜那三位最后的顾客。

“……唔……一碗清汤荞麦面……可以吗？”

“请，请里边坐，”老板娘将他们带到去年同样的二号桌，“清汤荞麦面一碗——”“好——咧！清汤荞麦面一碗——”老板应声回答着，并将已经灭的炉火重又点燃起来。

“喂，孩子他爹，给他们下三碗，好吗？”

老板娘在老板耳边轻声说道。

“不行，如果这样做，他们也许会尴尬的。”老板说着，抓了一人半份的面下了锅。

桌上放着一碗清汤荞麦面。母子三人边吃边谈着，柜台里的老板和老板娘能听到他们的声音。

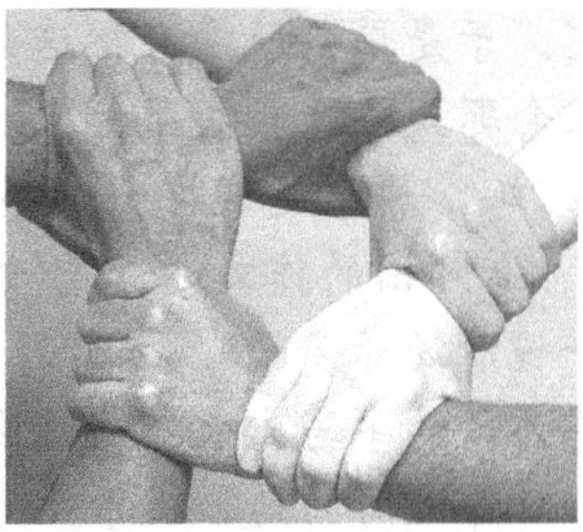

“真好吃……”

“今年又能吃到北海亭的清汤荞麦面了。”

“明年还能来吃就好了……”

吃完后，付了一百五十元钱。老板娘对着他们的背影说：“谢谢，祝你们过个好年！”这一天，被这句说过几十遍乃至几百遍的话送走了。

随着北海亭面馆的生意兴隆，又迎来了第三年的大年夜的晚上。

从九点半开始，老板和老板娘虽然谁都没说什么，但都显得有点心神不定。十点刚过，雇工们下班走后，老板和老板娘立刻就把墙上挂着的各种面的价格牌，一一地翻了过来，赶紧写好“清汤荞麦面一百五十元”。其实，从今年夏天起，随着物价的上涨，清汤荞麦面的价格已经是二百元一碗了。

二号桌上，在三十分钟以前，老板娘就已经摆好了“预约席”的牌子。

到十点半，店里已经没有客人了，但老板和老板娘还在等待着母子三人的到来。

他们来了。哥哥穿着中学生的制服，弟弟穿着去年哥哥穿的那件略有些大的旧衣服，弟兄俩都长大了，有点认不出来了。母亲还是穿着那件不合时令的有些褪色的短大衣。

“欢迎光临。”老板娘笑着迎上前去。

“……唔……清汤荞麦面两碗……可以吗？”女人怯生生地问。

“行，请，请里边坐。”

老板娘把他们领到二号桌，若无其事地将桌上那块“预约席”的牌子藏了起来，对柜台喊着：“清汤荞麦面两碗！”

“好——咧！清汤荞麦面两碗——”老板应声答着，把三碗面的分量放进了锅里。

母子三人吃着两碗清汤荞麦面，说着，笑着。

“大儿，淳儿，今天，我做母亲的想要向你们道谢。”

“道谢？向我们……为什么？”

“实在是，因为你们的父亲死于交通事故，生前欠下了八个人的钱。我把抚恤金全部还了债。还不够的部分，就每月五万元分期偿还。”

“这些我们都知道呀。”

老板和老板娘在柜台里，一动不动，凝神听着。

“剩下的债，到明年三月就可以还清了。可实际上，今天就可全部还清。”

“啊，真的？妈妈。”

“是真的。大儿每天送报赚钱支持我，淳儿每天买菜烧饭帮助我，所以我能够安心工作，因为我努力工作，得到了公司的特别津贴，所以现在能够全部还清债款。”

“好啊！妈妈，哥哥，从现在起，每天烧饭的事还是包给我了。”

“我也继续送报。弟弟，我们一起努力吧！”

“谢谢！真是谢谢……”

“我和弟弟也有一件事瞒着妈妈，今天可以说了。这是在十一月的一个星期天，我到弟弟学校去参加家长会。这时，弟弟已经藏了一封老师给妈妈的信……弟弟写的作文如果被选为北海道的代表，就能参加全国的作文比赛。正因为这样，家长会的那天，老师要弟弟自己朗读这篇作文。老师的信如果给妈妈看了，妈妈一定会向公司请假，去听弟弟朗读作文。于是弟弟就没有把这封信交给妈妈。这事我还是从弟弟的朋友那里听来的，所以，家长会那天，是我去了。”

“哦，原来是这样……那后来呢？”

“老师出的作文题目是‘你将来想成为怎样的人’，全体学生都写了。弟弟的作文题目是‘一碗清汤荞麦面’。一听题目，我就知道是写的北海亭面馆的事。弟弟这家伙，怎么把这种难为情的事写出来，我这么想着。”

“作文写的是，父亲死于交通事故，留下了一大笔债。母亲每天从早到晚拼命工作，我去送早报和晚报……弟弟全都写了出来。接着又写，十二月三十一日的晚上，母子三人吃一碗清汤荞麦面，非常好吃……三个人只买了一碗清汤荞麦面，可面馆的叔叔阿姨还是很热情地接待了我们，谢谢我们，还祝我们过个好年。听到这声音，弟弟的心中不由地喊着：‘不能失败！要努力！要好好活着！’因此，弟弟长大成人后，想开一家日本第一的面馆，也要对顾客说：‘努力吧，祝你幸福，谢谢。’弟弟大声地朗读着作文……”

此刻，柜台里竖着耳朵，全神贯注地听着母子三人说话的老板和老板娘不见了。在柜台的深处，只见他们两人面对面地蹲着，一人一条手巾，各执一端，在擦着那不断夺眶而出的泪水。

“作文读完后，老师说：‘今天淳君的哥哥代替他母亲来参加我们的家长会，现在我们请他来说几句话……’”

“这时哥哥为什么……”弟弟疑惑地望着哥哥。

“因为突然被叫上去说话，一开始，我什么也说不出……‘诸君一直和我弟弟很要好，在此，我谢谢大家。弟弟每天做晚饭，放弃了俱乐部的活动，中途回家。我做哥哥的，感到很难为情。刚才，弟弟的《一碗清汤荞麦面》刚开始读时，我感到很丢脸。但是，当我看到弟弟激动地大声朗读时，我心里更感到羞愧。这时我想，绝不能忘记母亲买一碗清汤荞麦面的勇气。兄弟们，齐心合力，为保护我们的母亲而努力吧！从今以后，请大家更好地和我弟弟结成朋友。’我就说了这些……”

母子三人，静静地，互相握着手，良久。继而又欢快地笑了起来。和去年相比，像是完全变了模样。

作为年夜饭的清汤荞麦面吃完了，付了三百元。

“承蒙款待。”母子三人深深地低头道谢后走出了店门。

“谢谢，祝你们过个好年！”

老板和老板娘大声地向他们祝福着，目送着他们远去……

又是一年的大年夜降临了。北海亭面馆里，晚上九点一过，二号桌上又摆上了“预约席”的牌子，等待着母子三人的到来。可是，没看到那三人的身影。

一年，又是一年，二号桌始终默默地等待着。可母子三人还是没有出现。

北海亭面馆因为生意越来越兴隆，店内重又进行了装修。桌子、椅子都换了新的。可二号桌却依然如故。老板夫妇不但没感到不协调，反而把二号桌放在店堂的中央。

“为什么把这张旧桌子放在店堂中央？”有的顾客感到奇怪。

于是，老板夫妇就把“一碗清汤荞麦面”的故事告诉他们，并说，看到这张桌子，就是对自己的激励，而且，说不定哪天那母子三人还会来，这个时候，想用这张桌子来迎接他们。就这样，关于二号桌的故事，使二号桌成了“幸福的桌子”。顾客们到处传颂着。有人特意从远方赶来。有女学生，也有年轻的情侣，都要到二号桌上吃一碗清汤荞麦面。二号桌也因此而名声大振。

时光流逝，年复一年，这一年的大年夜又来到了。

这时，北海亭面馆已经是同一条街的商店会的主要成员。在大年夜这天，亲如家人的朋友、近邻、同行，结束了一天的工作后，都来到了北海亭。在北海亭吃了过年面，听着除夕夜的钟声，然后亲朋好友聚集起来，一起到附近去烧香磕头，以求神明保佑在新的一年里万事如意，厄除云开。这种情形，已经有五六年的历史了。

今年的大年夜当然也不例外。九点半一过，以鱼店老板夫妇双手捧着装满生鱼片的大盆子进来为信号，平时亲如家人的朋友们大约三十多人，也都带着酒菜，陆陆续续地汇集到北海亭。店里的气氛，一下子热闹起来。

知道二号桌由来的朋友们，嘴里虽然没说什么，可心里都在想着，今年二号桌也许又要空等了吧。那块“预约席”的牌子，早已悄悄地站在二号桌上。

狭窄的坐席之间，客人们一点一点地移动着身子坐下，有人还招呼着迟到的朋友。吃着面，喝着酒，互相夹着菜。有人到柜台里去帮忙，有人随意拉开冰箱拿东西。什么廉价出售的生意啦，海水浴的艳闻轶事啦，什么添了孙子的事啦。十点半时，北海亭里的气氛达到了顶点。

就在这时，店门被咯吱咯吱地拉开了。人们都向门口望去，屋子里突然静了下来。

两位西装笔挺，手臂上搭着大衣的青年走了进来。这时，大伙都松了口气，随着轻轻的叹息声，店里又恢复了刚才的热闹。

“真不凑巧，店里已经坐满了。”老板娘面带着歉意说。

就在她拒绝两位青年的时候，一位身穿和服的妇女，深深低着头走了进来，站在两位青年的中间。

店里的人们，一下子都屏住了呼吸，耳朵也竖起来了。

“唔……三碗清汤荞麦面，可以吗？”穿和服的妇人平静地说。

听了这话，老板娘的脸色一下子变了。十几年前留在脑海中的母子三人的印象，和眼前这三人的形象重叠起来了。

老板娘指着三位来客，目光和正在柜台里找韭菜的丈夫的目光撞在一处。

“啊！啊……孩子他爹！”

面对不知所措的老板娘，青年中的一位开口了。

“我们就是十四年前的大年夜，母子三人共吃一碗清汤荞麦面的顾客，那时，就是这一碗清汤荞麦面的鼓励，使我们三人同心协力，度过了艰难的岁月。这以后，我们搬到母亲的娘家滋贺县去了。我今年通过了医生的国家考试，现在京都的大学医院里当实习医生。明年四月，我将到札幌的综合医院工作。还没有开面馆的弟弟，现在京都的银行里工作。我和弟弟商谈，计划了这平生第一次的奢侈行动。就这样，今天我们母子三人，特意来拜访，想要麻烦你们烧三碗清汤荞麦面。”边听边点头的老板夫妇，泪珠一串串地掉下来。

坐在靠近门口桌上的蔬菜店老板，嘴里含着一口面听着，直到这时，才把面咽下去，站起身来。

“喂喂！老板娘，你呆站着干什么！这十年的每一个大年夜，你都为等待他们的到来而准备着这十年后的预约席，不是吗？快！请他们入座，快！”

被蔬菜店老板用肩一撞，老板娘这才清醒过来。

“欢……欢迎，请，请坐……孩子他爹，二号桌清汤荞麦面三碗——”

“好咧——清汤荞麦面三碗——”可泪流满面的丈夫却应不出来。

店里，突然爆发出一阵欢呼声和鼓掌声。店外，刚才还在纷纷扬扬飘着的雪，此刻也停了。皑皑白雪映着明净的窗子，那写着“北海亭”的布帘子，在正月的清风中，摇曳着，飘着……

1989年5月20日于东京千石

知识链接

栗良平，日本作家，本名伊藤贡，昭和29年（1954年）出生，北海道砂川市人。在综合医院任职十年，高中时代曾翻译安徒生童话而引起对口述童话的创作兴趣。他利用业余时间，收集了四百多篇民间故事，以各地方言，亲自巡回讲述，并主办《栗子会》，以及“大人对小孩说故事”为主题，展开全国性的说故事活动。主要发表的作品有《纺织公主》《又听到二号汽笛》《穿越战国时代的天空》等多种作品。他以《一碗清汤荞麦面》（又名《一碗阳春面》）而成为日本的儿童类畅销作家。

栗良平在1987年写的《一碗清汤荞麦面》之所以变得有名，是因为当年的一个广播电台在年末广播中播放了这篇作品。听到那次广播的无数听众向广播电台寄去明信片，要求重播。当时一位议员在国会议事堂朗读了这篇作品，让全场突然变得肃静。没过多久，这篇作品就感动了全日本，按照当时日本人对这本书的评价，就是掉进了“一亿眼泪”的海。

字词过关

1. 给下列加点字注音

打烊（　　）　　抚恤金（　　）（　　）

厄运（　　）　　怯生生（　　）

尴尬（　　）（　　）　　雇工（　　）

褪色（　　）　　　　　　　　　　奢侈（　　）（　　）

2. 解释下列词语

打烊　　抚恤金　　厄除云开

任务实施

听：本文的线索是什么？主人公是谁？母子三人为什么坚持在同一个面馆吃面？四次吃面的情景有什么变化？作者运用了哪些方法来描写这些场面？

说：谈谈父母或周围朋友对自己付出的关爱。说说课文中最能打动人的细节是什么？

读：从文中任选一段朗读，要做到情真意切。

写：写出一段 600 字左右的读后感。

哲思驿站

1. 无论做什么事情，只要肯努力奋斗，是没有不成功的。——（英）牛顿
2. 一个人必须经过一番刻苦奋斗，才会有所成就。——（丹麦）安徒生
3. 如果人们不会互相理解，那么他们怎么能学会默默地互相尊重呢？

——（前苏联）高尔基

4. 一个人，对父母要尊敬，对子女要慈爱，对穷亲戚要慷慨，对一切人要有礼貌。

——（英）伯特兰·罗素

拓展阅读

二十九　在诺贝尔奖授奖仪式上的演说

（美）爱因斯坦

学习提示

爱因斯坦是一位伟大的科学家，又是一位维护世界和平和人类正义事业的战士。第二次世界大战期间，他抗议德国军国主义和希特勒的法西斯暴政。战后，他又呼吁反对扩军备战，反对将核武器用于战争。作为一位有着强烈责任感和对人类有巨大贡献的科学家，爱因斯坦赢得了世界各国人民的尊敬。

这篇演说词开篇就提出了自己对人生的理解："人是为了别人而生存的"，因为"我的精神生活和物质生活都是以别人的劳动为基础的"。接着作者引用叔本华的名言，具体阐述自己的人生观：要"宽大为怀"地对待人生；要追求"善、美、真"的理想生活。为了实现对社会的正义和责任，不惜成为一个"孤独的旅客"，以便自己能够保持主见，"不受诱惑"。文章朴实自然，感情真挚。在诵读中，希望你去接近并理解爱因斯坦对人生意义的思考，去感受一位伟人的智慧光辉。

原文导读

人是为了别人而生存的——首先是为了那样一些人，他们的喜悦和健康关系着我们的全部幸福；其次是为许多我们所不认识的人，他们的命运通过同情的纽带同我们紧密地结合在一起。我每天上百次地提醒自己：我的精神生活和物质生活都是以别人的劳动为基础的，我必须以同样的力量来报偿我所领受了的和至今仍在领受着的东西。

叔本华说："人虽然能够做他想做的，但不能要他所想要的。"这句话从我青年时代起，就对我是一个真正的启示：在我自己和别人的生活面临困难时，它总是使我们得到安慰，并且永远是宽大的源泉。这种体会可以宽大为怀地减轻那种容易使人气馁的责任感，也可以防止我们过于严肃地对待自己和别人；它导致一种特别给幽默以应有地位的人生观。

要追究一个人自己或一切生物生存的意义或目的，从客观上来看，我总觉得是愚蠢可笑的。可是，每个人都有一定的理想，这种理想决定着他的努力和判断方向。从这个意义上，我从来不把安逸和享乐看做是生活目的的本身——我把这种伦理基础叫做猪的理想。照亮我的道路，并且不断地给我新的勇气，以便愉快地正视生活的理想，是善、美和真。要是没有志同道合者之间的亲切的感情，要不是全神贯注于客观世界——那个在艺术和科学领域里永远达不到的对象，那么在我看来，生活就会是空虚的。我总觉得，人们所努力追求的庸俗的目的——财产、虚荣、奢侈的生活——都是可鄙的。

我对社会正义和社会责任的强烈感觉，同我在与别人和社会直接接触一事上所显露出来的淡漠，两者总是形成古怪的对照。我实在是一个"孤独的旅客"，我未曾全心全意地属于我的国家、我的家庭、我的朋友，甚至我最亲近的人；在所有这些关系面前，我总是感到有一定的距离，并且需要保持孤独。同别人互相了解和协调一致是有限度的，但这不值得惋惜。无疑，这样的人在某种程度上会失去他的天真无邪和无忧无虑的心境。但另一方面，他却能够在很大程度上不为别人的意见、习惯和判断所左右，并且能够不受诱惑，而把他的内心平衡建立在一些更为可靠的基础上。

三十 为自己打工

佚名

学习提示

人，无论怎么过，都是一生，但要使自己的人生比别人的更有意义，就必须先学会吃苦。先贤孟子曾说："天将降大任于斯人也，必先苦其心志，劳其筋骨，饿其体肤，空乏其身，行拂乱其所为，所以动心忍性，曾益其所不能。"

文章叙述的是一个青年打工仔向"老板"阶层奋斗的经过。仔细阅读课文，体味"弱势群体"的艰辛，珍惜现在，刻苦学习，为自己的将来树立更高的目标，也许不无裨益。

原文品读

技校毕业后，我只身来到这座不知被多少文人墨客炒作过的南方城市，原以为这里遍地黄金，谁知在这块陌生的土地上迎面而来的全是一张张写满拒绝的脸。

拖着疲惫的身子，转了一家又一家，眼看信心就要丧失殆尽之时，才有一家装潢公司留下了我。“公司”加上我才五个做事的，承接商品房的防盗门、防盗网制作和安装业务。老板也不是本地人，精明的小个子，不苟言笑。听说他只有初小文化，能折腾到这种地步，我还真有点佩服。一开始，他就对我申明：公司资金周转不灵，账又常常不能及时收回，因此对工人每月暂时只发40%的工资，等资金活了再补发欠下的工资；吃住由他包了。我想工作这么难找，也就不计较条件了。于是，我和其他几位工友住在老板租的一间旧民房里。这四个人有四川、安徽、贵州来的，只有小东是从江西来的，见了我这个老乡格外亲切。

吃饭的时候，老板娘在她和老板住的一间旧民房里弄了饭菜，我们再端回房里来吃。老板娘和老板的性格、体形刚好相反，她牛高马大的，总爱穿一身花布短袖衫和大短裤，一屁股坐到我们房里的破木凳上和我们说话，有时还把一双肥脚架到别的凳子上。她讲话总是大嗓门，不时加上“哈哈哈”的笑声，很爽快的样子。

我在那里吃第一顿饭时，老板娘特意热情地在一边陪我们聊天。她正说得高兴时，冷不防小东笑眯眯地指着木板桌上的三碗菜说：“老板娘，小兄弟初来乍到的，你怎么不来点荤菜欢迎他，还是老三样啊？”老板娘反应非常快，猛刹住正要说出口的话，露出一脸诚恳的笑：“人家城里人都时兴吃青菜，说多吃蔬菜营养丰富、身体健康呢！”

我挺认真地听着她的话。等她走了，小东对我说：“你别信她的，说得可怜，他们会吃我们这样‘廉价’的饭菜？我和四川哥面前的一碟子辣酱还是我们自己买了下饭的呢。”我看看小东的辣酱，没它，我这饭还真吃不香呢。

开始工作了，从防盗门、防盗网的制作到安装，我们五个人自始至终都要做。丈量、下料、电焊、油漆，整天打交道的都是又笨又重又弥漫着铁锈气味的钢筋、铁管、不锈钢管之类的东西。电焊时不方便一只手，便只能不用面罩，害得眼睛刺痛不说，脸上还不时由发红到脱皮。油漆时也常弄得头发五颜六色。

这些都不算累，最苦的是用板车拉着几百上千斤焊好的防盗网或防盗门，大汗淋漓地拖到十几里外，而要安装的地方常在五六楼以上，我们一般两个或三人一组去一家做，总要先上楼把绳子放下来，然后两个人再跑下楼把一张网绑在绳子上，接着又爬上楼，硬把一张两三百斤的网吊上去，然后又重复以前的程序跑下楼。如此往返几次，早晨吃的饭早已消化完了。但是把网吊上去以后还要安装呢。先要蹲在阳台上打膨胀螺丝，然后一人在里面扶住网，一人蹲在阳台上把网焊到膨胀螺丝上。

应该说五六层楼不算高，可是在这上面操作却没有一点安全措施，有时不经意地往下一看，心里禁不住打颤，真怕自己两只脚忽然一不得劲，就站不住蹲不稳了……恍恍惚惚觉得有白云从腰上飘过。

战战兢兢地怜惜着自己的青春韶华，有时在这阳台上便会想：城里人要给自己装上这鸟笼一样的东西干什么？何况还住得这么高。可他们不装，我就可能没有饭吃了，还是盼望他们装得多多益善吧。

一次，我在一家阳台上打膨胀螺丝，跟我一起做的是小东，他给我递螺丝。

做了一阵，他说要去方便，我就把螺丝含在了嘴里。哪知一不小心，螺丝竟顺着喉咙一下子滑进了肚里。小东教我吃韭菜，吃了四五天，螺丝还是没有拉出来。第五天小东见我疼痛得直抽冷气，丢下焊枪，叫我停下手中的活，去医院看。跟老板说时，老板说道："去吧。"没有第二句话。小东似乎想说什么，看看直冒冷汗的我，犹豫了一下，急忙招了出租车送我去医院。

到医院做了胃镜，总算把那要命的螺丝弄出来了。手术费四五百元钱都是小东垫付的。我来不久，没有多少钱，只能拿出两百多还小东。小东一摆手说："不要你还，这是工伤事故，应该叫老板付医疗费。"于是他和我一起去找老板。

老板一听，立刻绷紧了脸："这是你自己不小心嘛，凭什么由我付医药费？如果大家都随随便便地违章操作出了一点事故，我还受得了啊？我可经不起折腾！"几番交涉，老板就是死活不认账。小东气愤不已。我摇摇头说："算了，只怪我自己不小心。"我本来一直有个想法，想请老板买滑轮，好让我们吊网时轻松一点，还有就是保险带，让我们在阳台上做事也放心些。没有安全措施难道不算违章操作吗？于是趁这当口，我把这想法说了出来。老板上下打量了我一阵，突然放下脸来："我请你干什么，吃饭的？既然要吃饭，就别怕摔死，就你名堂多！"

忍着气走开，我脑中思绪纷纭。老板的面目我是看清了，是走还是留？如果走，就正中老板的下怀，因为他欠着我半年的60%工资呢。留下来，在这样的老板手下卖命是件令人身心痛苦的事啊！纷纷乱乱中，忽然闪现出一段记忆，9 岁时，忙着整理菜担去卖菜的爷爷给我一只小水桶，叫我帮他给已经没有一滴水的水缸挑一担水。贪玩的我嘴一噘："我不挑。"爷爷笑着俯下身："怎么挑点水都不愿意呢？孩子啊，粪也挑得，尿也挑得，你这一世才不会跌苦（受苦）……""粪也挑得，尿也挑得"——爷爷就是抱着这种信念过完他足以自慰的一生的。爷爷是宣统年间出生的，他的祖父是三品武官，但到他出生时，他好赌的父亲已把家业败尽，甚至卖了他的五个弟弟，只剩他一个在跟前。爷爷硬是靠一根扁担做脚夫起家，在县城开了五间店铺，再把弟弟一个个赎回来。不幸的是后来日寇侵略，几个炸弹把他的店全炸平了。他携家带口四处逃难。直到新中国成立后，他同家人从老本行干起，拾起扁担去"挑脚"，辛辛苦苦积了钱，盖了一座大房子，自己也老了。老了他也不肯闲着，不要儿子们供养，和奶奶两个人种菜去卖，还不时拿点零钱给我们这些孙子孙女买东西吃。一生勤劳的他儿孙满堂，活到了 99 岁才去世。想着爷爷的这一生，念着他说的话，我终于决定继续留下来吃苦。

光阴荏苒，一年的埋头苦干之中，我已经从一个细皮嫩肉的学生哥变成了一个满手老茧、面目黝黑的劳动者。当然，打工生活给我的远远不止这些。

这一天，我们五个人全都出去给一家刚建成的大酒店搞装修。十点多时，发现一种螺丝不够用，材料放在我们房间隔壁，我便回去取。刚进那栋民房，就听到炒菜声从老板的住处传来，还有浓浓的酒香。我奇怪，老板上午请客呀？我好奇地走过去，听见老板少见地爽朗大笑："哈哈！哎呀，胡老板，我一直当你跟兄弟一样的。要不是我要转行投资大酒店——也就是我派他们去搞装修的那家，我才不会转手卖这些机器呢。这些机器又没有用多久，没多少损耗，我卖给你这个价是公道的，你再考虑考虑？我已经不接业务了，过两天酒店装修好我就要过去，后天你来运机器，我也搬家。当然，那天我请他们五个看电影。这些笨蛋一定挺高兴的。"这时响起另一个"嘿嘿"附和的笑声。我越琢磨越不对劲，他卖机器、搬家时却让我们看电影，搞什么阴谋？他有钱投资大酒店，却还总在我们面前念穷经，只发那么一点工资，这次一定是想偷偷溜了赖账！

我急忙跑去告诉他们四个人，大家一听都火冒三丈，马上回来找老板算账。

老板见事情败露，耍起无赖："要钱我已经没有了，全投出去了。不是欠你们三万多吗？我就把这些旧机器抵给你们了，要不要？"大家几乎要拥上前去把他打死，他慌忙叫道："别乱来，我公安局可是有熟人的！"我最先冷静下来，劝住大家，然后和他谈判，他坚持说现在没钱。我思索了一天，又和四位兄弟商量了一阵，决定冒风险接下他的摊子，自己当老板。第二天，我和他谈好了条件，除了机器，还有一些剩下的材料都归我，他帮我换执照。由于我没有流动资金，房租先由他向房东担保欠半年，而他欠小东他们四人的工资则由我偿还。

我开始艰苦创业。以前常被老板派去买材料，跟卖材料的人已很熟，我便和他们商量，一个月结一次账。我也跟客户商量，请他们预付 50%的定金。可我毕竟是一个外地来的无名小卒，别人常常不相信我。我于是狠下心，只要有人给我提供一桩业务或提供一次担保，我都给他 10%酬金。我自己也天天出去跑业务，买了材料常常由我亲自去用板车拉回来。我们齐心协力，工程质量更是精益求精。

一分耕耘，一分收获。一年后，我不但把前任老板拖欠的工资补给了四位兄弟，自己还赚了将近一万元。

我把赚来的钱全部投进扩大经营规模当中。我又请了六位擅长各类室内外装修的师傅，并聘请了一位懂电脑的大学生给客户做装潢设计，这样，我承接的业务面也就更广了，生意蒸蒸日上。

当这座城市的打工族们传说并羡慕我时，只有我自己明白其中难与人言的艰辛。人，无论怎么过，都是一生，但要使自己的人生比别人的茁壮，就必须先学会吃苦。用爷爷的话说，就是"粪也挑得，尿也挑得，你这一世才不会跌苦"。在这异乡，看着城市的繁荣，想着自己经历过的苦难和磨炼，我对自己充满信心。我明白，虽然自己只是一个打工仔，可我是在为一个不甘平凡的人生打工。

心动行动

请同学们朗读下面的文章，体会情感，练习演讲。

自知与自强

老子说："识人者智，自知者明。"

穿越两千多年的时空隧道，20 世纪一位卓越的心灵导师——克里希那穆提又提醒我们："自知是智慧的开始，因此也是转变或重生的开始。"

一个有自知之明的人，是能正确对待自己的人，是追求自我完善的人，也必定是一个自强不息、为人生理想而奋斗的人。

自知是生命的基石，是人生的明灯。

自强是生命的律动，是人生的境界。

学会自知，我们才能踏上生命的新征途，创造人生的辉煌。

学会自强，我们才能登上生命的最高峰，享受人生的甜美。

做一个自知者吧，正确地认识自己，估量自身的价值。

做一个自强者吧，不断低充实自己，谱写人生的华章。

让我们再一次聆听哲学大师培根的箴言吧："人人都可以成为自己命运的建筑师。"

任务二　口语交际

自我介绍

范例借鉴

我叫李晓刚，我的生活准则是：认认真真做人，踏踏实实工作。我的最大特点是：勇于拼搏，吃苦耐劳，不怕困难。

三年的中职生活似弹指一挥间，从刚跨入校门时的迷茫，到现在即将走上实习岗位的从容、坦然。我知道，这又是我们人生中的一大挑战、角色的转换。这除了有较强的适应力和乐观的生活态度外，更重要的是得益于在校三年的学习积累和技能的培养。

中职不但是一个展示自我的舞台，还是一座通向社会的桥梁，为了能够使自己步入社会以后游刃有余，在校三年，我积极参加各种活动，并与同学相处融洽，在课余时间，本人积极参加体育锻炼，增强身体素质，也热爱劳动，参加社会实践，丰富了课余生活，使自己在各方面都得到了相应的提高。此外中职的学习生活和一定的社会经历，使我养成了冷静自信的性格和踏实严谨的工作作风，并赋予我参加社会竞争的勇气。

我对电脑和网络的兴趣很高，这是好事，但我花了大量的时间泡在上面，虽然网络知识和应用能力有很大的提高，却影响到了其他方面，造成正常学习时间不足，课外活动减少……如何控制和正确引导自己的兴趣爱好，是我必须考虑的。我的社会活动能力比较差，许多活动都是被动地参加，无法真正融入，这值得我今后认真改进。当然，我在学习生活中也暴露了许多弱点和不足，这是需要我引起警惕并在今后的日子里努力加以改进的。

作为一名即将毕业的中职生，我所拥有的是年轻和知识，使我不畏困难，善于思考，但年轻也意味着阅历浅，更需要虚心向学。同时，我也深知，毕业只是求学的一小步，将来会有更多的知识宝矿等着我去挖掘。希望在今后无穷的学习生涯中，能够更好地完善自己，增强自己的能力，为社会为国家贡献绵薄之力。

点评

这是一位即将毕业走向工作岗位同学的自我介绍。介绍了自身的优点和缺点，以及三年中职学习自身的得与失，语言流畅，结构完整。他根据介绍的目的和听众情况，妥善地处理了内容的详略：基本情况略说，得与失详说；条理清晰，简洁明了。

知识链接

与不相识的人打交道或来到一个新的学习、工作环境，少不了要作自我介绍，以便别人了解你、熟悉你、喜欢你。自我介绍恰当与否，关系到能否给人一个良好的“第一印象”，甚至会对自我形象塑造产生持久的影响。

简单地讲，自我介绍就是自己介绍自己，它是向别人展示你自己的一个重要手段，同时，也是认识自我的重要手段之一。

鉴于需要进行自我介绍的时机多有不同，因而进行自我介绍时的表达方法便有所不同。自我介绍的内容，指的是自我介绍时所表述的主体部分，即在自我介绍时表述的具体形式。

一、自我介绍的具体内容

依照自我介绍时表述的内容不同，自我介绍可以分为下述五种具体形式：应酬式、工作式、交流式、礼仪式和问答式。具体内容应兼顾实际需要、所处场景，并应具有鲜明的针对性，切不可“千人一面”，一概而论。

1. 应酬式

应酬式适用于某些公共场合和一般性的社交场合，这种自我介绍最简洁，往往只包括姓名一项即可。

“你好，我叫张强。”

“你好，我是李波。”

2. 工作式

工作式适用于工作场合，它包括本人姓名、供职单位及其部门、职务或从事的具体工作等。

“你好，我叫张强，是金洪恩电脑公司的销售经理。”

“我叫李波，我在北京大学中文系教外国文学。”

3. 交流式

交流式适用于社交活动中，希望与交往对象进一步交流与沟通。它大体应包括介绍者的姓名、工作、籍贯、学历、兴趣及与交往对象的某些熟人的关系。

“你好，我叫张强，我在金洪恩电脑公司上班。我是李波的老乡，都是北京人。”

“我叫王朝，是李波的同事，也在北京大学中文系，我教中国古代汉语。”

4. 礼仪式

礼仪式适用于讲座、报告、演出、庆典、仪式等一些正规而隆重的场合，应包括姓名、单位、职务等，同时还应加入一些适当的谦辞、敬辞。

“各位来宾，大家好！我叫张强，我是金洪恩电脑公司的销售经理。我代表本公司热烈欢迎大家光临我们的展览会，希望大家……”

5．问答式

问答式适用于应试、应聘和公务交往。问答式的自我介绍，应该是有问必答，问什么就答什么。

“先生，你好！请问您怎么称呼？（请问您贵姓？）”

“先生您好！我叫张强。”

主考官问：“请介绍一下你的基本情况。”

应聘者：“各位好！我叫李波，现年 26 岁，河北省石家庄市人，汉族……”

二、清楚明白地进行自我介绍

对于即将毕业的中职学生来说，面试中自我介绍尤为重要，其中务必讲清下述内容：

1．姓名。

2．爱好、籍贯、学历或业务经历（应注意与公司有关）。

3．专业知识、学术背景（应注意与岗位、职业有关）。

4．优点、技能（应突出能对公司所作的贡献）。

5．用幽默或警句概括自己的特点可加深他人的印象。

6．致谢。

任务实施

任务设计：口语交际——我就是我

任务目标：

1．锻炼学生的口头表达能力。

2．使学生更加全面和客观地了解自己，增强自信心。

实施步骤：

1．思考下列问题：

（1）我最大的长处、特色在哪里？

（2）哪些是我做得最好的事？

（3）我具备了哪些方面的专业技术、知识？

2. 每人根据自己的特点，设计一段自我介绍，并且依次到讲台前向全班同学做自我介绍，要求表达时口齿清楚。

3. 每人根据自己的特长向班级自荐一项工作，在自荐中体现出自己有能力胜任这份工作以及自己对做好这项工作的初步设想。

情境模拟：根据以下三个情境，每小组选取一个进行情境模拟练习。

1．开学伊始，举行以“趣说自己”为主题的班会，请你做一番自我介绍。

2．校学生会干部竞聘会上，为竞选学生会干部（职务自拟）做一番自我介绍。

3．你来到某单位（公司、商场、宾馆、幼儿园等）参加实习，在该单位举行的小型欢迎会上做自我介绍。

任务三　应用文写作

广而告之—— 启事

寻物启事

寻找我每天都离不开的，用得着的，最最心爱的IC饭卡

亲爱的　回来吧
没有你我怎么过
我迷惑
是我给你自由过了火
让你太洒脱
才会掉入不明角落

期待你　快回来吧
学友们　见了她　劝她回来吧
我心爱的
我不能没有她

联系人：××级机制李××
电　话：139××××××××

写作导航

1. 概念解说

"启事"中的"启"含有"陈述"之意，"事"即"事情"。启事，就是公开陈述事情。单位或个人通过一定的传播途径，将需要向公众说明或请求予以支持并协助办理的事情简要写出，这样的实用文书就是启事。

2. 格式内容

启事的写作格式与内容如下：

招领钥匙启事 本人于4月3日傍晚在学校食堂一楼拣到钥匙一串（挂有指甲刀），请失主速到男寝302房间认领，或电话联系（180××××××）。 302房间　赵刚 2011年4月4日	1．标题：在文的正中间。 2．正文：写明拾到物品的名称，也可以笼统写出拾到物品的时间与地点。至于拾到物品的具体特征，如物品品牌、外观、规格、数量等，则无须写出，以防有人冒领。写清拾到物品的单位或个人的联系地址及电话等信息，以便失主前来认领失物。 3．署名、日期：写出个人姓名，并注明日期。

范例参考

关于校学生会公开招聘的启事

校学生会是来源于学生，服务于学生的全校学生的群众组织。

多年来，在繁荣校园文化，维护同学权益，为同学创造和谐、健康的校园环境方面做了大量工作。为了把工作做好，我们在不断努力和追求。一个组织的生存和发展离不开人才，我们真诚地欢迎勤奋踏实、积极热心、有工作能力的同学加盟。经校团委批准，校学生会在全校 2011 级学生中公开招聘。

有意者请准备 1000 字左右的自荐信报名。

报名时间：11 月 10 日—11 月 17 日。

报名地点：校学生会 508 教室。

校学生会

2011 年 11 月 1 日

征稿启事

如果你的文字足够鲜活；如果你的视角足够独特；如果你的眼光足够敏锐；如果你愿意发表你的观点——校团委面向全校征稿，稿件要求立足校园、观察校园现象，内容充实有益，文字风格独特。

投稿请交至校团委（校教学楼 2 楼）或 2010 机制 13 班张晨，也可发 E-mail 至 xiaob@scuec.edu.cn，标明校团委征稿。投稿截止日期为 2013 年 8 月 30 日。

校团委宣传部

××年×月×日

温馨提示

1．标题简短醒目。
2．内容严密、完整、明确。
3．措辞郑重严谨。
4．注意运用礼貌语言。

动手写写

请修改下列一项启事。

启　事 本人于 2012 年 3 月 5 日在肇工市场门前拾到一个黑色皮包，里面有人民币 307 元，另有一块男士机械手表。 请失主速来认领。 2012 年 3 月 5 日 装备学生：张小三	修改如下： 1．________ 2．________ 3．________

任务四　语文综合实践

信念之灯——讨论“天生我材必有用”

场景案例

➲ **案例**

古时候，有一位年老的富翁送他的儿子去闯天下，青年来到热带雨林中找到一种树木。这树木高达十余米，在一大片雨林中只有一两株，砍下这种树木，经过一年时间让外皮朽烂，留下的木心沉黑的部分会散发一种无比的香气，放在水中不像别的树木浮在水面上，而会沉到水底去。青年心想：这真是价值连城的宝物呀！青年把香味无比的树木运到市场出售，可是没有人来买，而另一个卖木炭的小贩却总是很快就卖光了产品。刚开始的时候青年还不为所动，日子一天天过去，他的信心终于动摇。

第二天他把香木烧成木炭，挑到市场，一天就卖光了，青年非常高兴自己能改变心意，得意地回家告诉他的老父。老父听了，忍不住落下泪来。原来，青年烧成木炭的香木，正是这个世界上最珍贵的树木“沉香”，只要切下一块磨成粉屑，价值就超过了一车的木炭。

点评

1．许多人手里有“沉香”，却不知道它的珍贵，反而羡慕别人手中的木炭，最后竟丢弃了自己的珍宝。

2．客观地认识自己就显得尤为重要，一旦我们不能很好地认识自己，可能就会导致我们丢掉自己身上很珍贵的东西。我们每个人身上都有许许多多珍贵的东西，有些人善于发现和利用这些东西，因此他们有了各种各样的成功，也塑造了一个自信的自我，相反，有些人却没有注意到这些，因此，他们常常遭遇到挫折，失去信心。

知识链接

一、什么是自信

自信是一种反映个体对自己是否有能力成功地完成某项活动的信任程度的心理特性，

是一种积极、有效地表达自我价值、自我尊重、自我理解的意识特征和心理状态，也称为信心。自信的个体差异不同程度地影响着学习、竞赛、就业、成就等多方面的个体心理和行为。

二、如何提高自信

青少年培养自信心，首先要正确看待成败得失，“胜不骄，败不馁”，即使失败了也不要灰心丧气；其次，要正确地评价自己、看待自己的优缺点，在发扬长处的同时，积极克服自己的缺点，不要被自己的缺点吓倒。正确地评价自己、认识自己也很重要。不要把自己的定位脱离于自身的实际情况，抬高自己或贬低自己都不可取。认识到自己的缺点，才有可能不断地学习和改进，不断地提高自己的能力和本领，切忌说大话、办空事。再次，自己所确立的目标一定要符合客观实际，符合社会发展的需要。逆潮流而动，即使成功了也是短暂的，最终还是失败的，不利于自信心的培养。只有把自身目标纳入到人类社会发展和进步的大轨道上，通过自身不懈的努力和追求，一定可以取得成功。

1．对自己的成功给予积极评价。

2．选择生活中的某一方面，努力改变。

3．制订可以完成的目标。

4．不要过快地改变生活中的太多方面。

5．找出一个合适的典范，而不是一个不现实的偶像加以学习。

6．不要对过去的失败和错误的判断耿耿于怀。

7．不要用酒精刺激自信心。自我评价，记下你的优点和成功，可着眼于积极的生活，增强自信心。

任务实施

活动设计：讨论会——天生我材必有用

活动准备：

1．全班分成两个小组，每小组有相应的任务，分别按要求准备。

2．任务分配：

第一组：通过图书报刊、广播电视和互联网，搜集有关“天生我材必有用”的资料和图片。

第二组：人物访谈，分别采访学校老师和往届优秀毕业生，了解他们对“天生我材必有用”的理解。

活动步骤：

1．第一组对收集的资料和图片分别进行文字说明，介绍如何认识自己，欣赏自己，建立自信。

2．第二组播放访谈录像。同学们以小组为单位讨论自己的心得，每组选出一名代表归纳本组的讨论结果。

3．每组同学通过以下三个方面自由讨论如何正确地认识自己。

（1）我与人的关系——了解自己人际交往的方式。

（2）我与事的关系——了解成功失败的归因方式。
（3）我与己的关系——了解自己认同程度。
4．在正确认识自我的基础上从以下四个方面进一步发现自己，欣赏自己。
（1）挑前面的位子坐。
（2）练习正视别人。
（3）抬头挺胸，走快一点。
（4）练习当众发言。
5．主持人总结：正确认识自我，坚信“天生我材必有用”。

参考文献

[1] 赵大鹏．语文（基础模块）[M]．北京：语文出版社，2009．

[2] 赵大鹏．语文（职业模块）[M]．北京：语文出版社，2010．

[3] 王嘉姝．应用语文[M]．北京：清华大学出版社，2009．

[4] 倪文锦，于黔勋．语文（基础模块）[M]．北京：高等教育出版社，2009．

[5] 倪文锦，于黔勋．语文（职业模块）[M]．北京：高等教育出版社，2010．

[6] 王虹．中职生口语交际实训[M]．北京：高等教育出版社，2010．

[7] 张周，刘彦，程久违．语文（职业模块）[M]．北京：经济科学出版社，2010．

[8] 郑国民．语文（基础模块）[M]．北京：人民教育出版社，2012．